그래픽 노블로 읽는

수학
이야기

쉽고
재미있는
인문학 ③

그래픽 노블로 읽는

수학 이야기

글·그림 인동교

시간과공간사

왜 수학을 배워야 하는가

행복한 인간의 필요조건

초등학생이 중학생이 되면서 가장 어렵게 느끼는 과목이 바로 수학이다. 초등학교 수학에서는 실생활과 밀접한 '0'과 '자연수'만 배우지만 중학교 수학에서는 '음수'와 '무리수'가 등장하고, 숫자 외에도 'x, y, z' 같은 문자가 마구 튀어나오면서 혼란을 겪기 때문이다. 이는 초등학생 때 배웠던 수학 세계의 범위가 한 단계 넓어지면서 겪는 성장통이라고 볼 수 있다. 이렇게 어려워진 수학을 맞닥뜨린 많은 학생은 볼멘소리로 묻는다.

"사칙 연산만 잘 배워도 살아가는 데 아무 문제가 없는데, 이렇게 어려운 수학을 더 배워서 어디다 써먹나요?"

실제 이 질문은 과거의 나뿐만 아니라 수천 년 전 유클리드의 제자들이 던졌던 의문 중 하나였다. 유클리드는 이 질문에 이렇게 대답했다.

"배움으로 이익을 얻을 것만 생각하다니 정말 한심하구나. 저자에게 동전 세 개를 주고 집에 보내라."

유클리드는 수학을 도구적 관점에서 접근하기보다 학문 자체로 대하길 바랐기에 이렇게 답했을 것이다.

제자리로 돌아온 기분이지만, 유클리드의 말에 다시 이런 의문이 들 것이다.

"그렇다면 수학의 학문적 특징은 무엇이고 수학에는 어떤 장점이 있기에 이 어려운 수학을 배우는 것인가?"

이에 대한 답을 고대 그리스 철학자 아리스토텔레스의 행복론을 바탕으로 이야기해 보자. 아리스토텔레스는 모든 생물이 그들의 능력을 완전히 발휘할 때 행복해 한다고 주장했다. 날개가 있는 새들은 하늘을 날고, 물고기는 지느러미를 이용해 헤엄칠 때가 가장 행복하다는 것이다. 이에 따르면 인간은 인간만이 가진 이성, 즉 사고하는 능력을 충분히 발휘할 때 가장 행복하다.

행복한 인간이 되기 위한 필요조건 중 하나가 사유하는 능력이며, 이 능력을 키우는 효과적이고 경제적인 방법이 바로 수학 공부이다. 다시 말해, 수학은 인간을 인간답게 만드는 가장 간편하면서도 강력한 도구이기 때문에 배우는 것이다.

신이 사용하는 언어

고대 수학자 피타고라스는 현악기의 화음에서 수학적 원리를 발견한 뒤 세상은 어쩌면 수로 만들어졌을지도 모른다고 생각했다. 현실 세계

(현악기의 화음)에서 숨겨진 원리(수학적 원리)를 발견하고 세상 만물을 작동시키는 코딩 언어가 바로 '수'라고 생각한 것이다. 이런 생각은 후대에까지 이어져 케플러, 뉴턴 같은 과학자들이 행성들의 움직임에서 수학적 법칙을 발견하는 데 이르게 된다. 이후에도 많은 과학자가 자연 현상에 대해 물음표를 던지고 그에 대한 답을 수학이라는 언어로 찾아내고 있다. 이러한 과정을 보면 어쩌면 신은 수학이라는 언어로 세상을 설계했고 과학자들은 그 설계도의 조각조각을 찾아내는 고고학자일 수도 있겠다는 생각이 든다. 이런 이유에서인지 물리학자 리처드 파인만은 소설가 허먼 워크에게 이렇게 말했다고 한다.

"미적분을 배워 두는 게 좋을 거요. 신이 사용하는 언어니까요."

어쨌거나 친해지기 힘든 친구

그렇다고 해도 행복한 인간의 조건이자 신이 사용하는 언어라는 수학은 어렵다. 아무리 멋진 의미가 담긴 학문이라고 해도 학생들에게는 그저 '빌런'으로 보일 것이 분명하다. 이에 많은 학생이 우락부락한 빌런 같은 수학과 친해질 수 있도록 수학이라는 친구가 어떻게 성장해 왔고 어떤 장점을 가졌는지 그리고 교과서에 나오는 수많은 정리와 공식은 누가 어떤 과정을 거쳐 만들었는지 설명해 주면 막연한 두려움 뒤에 숨은 수학의 매력을 조금이나마 알 수 있지 않을까 하는 마음에 이 책을 쓰게 되었다. 또 중등 수학을 시작하고 더 깊은 매력을 느껴서 수학과 함께 즐거운 시간을 보냈으면 하는 바람도 담았다.

거인의 어깨 위에서

이 책은 다른 시리즈와 마찬가지로 앞서 수학사를 연구한 분들의 저작을 바탕으로 탄생했다. 그분들의 책을 읽고 공부하면서 나 역시 새로운 수학의 매력을 맛보았고, 내가 알고 느끼게 된 범위까지 수학의 역사를 담아낼 수 있었다. 어깨를 내어 주신 작가분들에게 감사를 표한다. 아무쪼록 많은 학생과 학부모들이 이 책을 통해 중고등학교 수학 교과서에서 만나게 될 새로운 등장인물(유리수, 무리수, 방정식, 미분, 적분 등)에 어느 정도 친근감을 느끼게 되길 바란다.

이 책을 준비하는 동안 어느새 중학생이 되어 새로운 도전을 시작한 큰딸과 용감하게 수학이라는 친구에게 다가가고 있는 둘째 딸에게 "항상 응원하고 행복과 성취가 가득하길 바란다"라고 전하고 싶다. 또 훌륭한 파트너로서 늘 지원을 아끼지 않는 아내에게 감사의 말을 전한다.

2024. 4.

인동교

:: 차례 ::

chapter 2. 헬레니즘 시대의 수학 _ 수학의 전성기

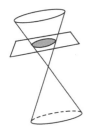

chapter 3. 중세의 수학 _ 암흑기에 새어 나온 빛

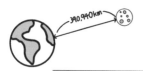

chapter 4. 근대의 수학 _ 천재들의 시기

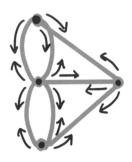

chapter 1
고대 그리스의 수학
수학의 시작

탈레스
B.C. 625?~B.C. 547?

피타고라스
B.C. 579~B.C. 495?

고대 이집트인들과 바빌로니아인들은 실생활에서 실용적인 목적으로 수학을 활용했어. 토지의 넓이를 정확하게 측정하거나 피라미드를 짓는 데 기하학이 쓰였고, 파피루스나 점토판에 수식과 계산법을 활용해 매출 등을 기록한 판매내역서도 있었지.

고대 그리스는 지중해를 끼고 바빌로니아, 이집트와 가까운 거리에 위치했어. 당시 그리스인들은 다양한 목적으로 항해를 하며 고대 이집트와 바빌론의 수준 높은 수학을 접했지. 철학이 발달했던 그리스에서는 수학 역시 철학적으로 접근했고, 학문의 대상으로 삼았던 거야.

이번 장에서는 학문으로서 수학의 시작을 알린 최초의 수학자 탈레스와 우리에게 가장 잘 알려진 수학자 피타고라스에 대해 알아보자.

탈레스

B.C. 625?~B.C. 547?

1. 서양 철학의 아버지

기원전 500년 전쯤, 한 사람이 이런 말을 했지.

육지는 물 위에 떠 있고,
물은 증발해서 구름이 되고,
구름은 다시 비로 바뀌는 것을 보니
만물의 근원은 물이다.

지금 들으면 말도 안 되는 소리지만, 그 당시는 어떤 반박도 하지 않고
신과 신의 이야기를 맹목적으로 믿던 시대였어.

만물은 제우스 님께서
흙, 물, 불, 바람으로 만든 것일세~
의심할 여지가 없는 진리이니
모두들 믿어 의심치 말게나~

그렇지,
그렇고말고~

정말일까?
무조건 믿기만 하면
그만일까?
내 생각엔
자연을 관찰하면
답이 나올 것 같은데….

신의 이야기를 맹목적으로 믿던 시대에, 탈레스는 자연 현상을 관찰하고 스스로 질문을 던지며 자신만의 생각을 체계적으로 정리했기 때문에 서양 철학의 아버지라고 불리기도 해.

자연을 관찰해 보니,
만물은 물로 구성되어 있어.
제우스가 만든 것이 아니라….

사실 탈레스는 그래픽 노블 시리즈 1권
『서양 철학 이야기』에 넣었어야 했는데,
이번 수학 이야기에 넣으려고
아껴 둔 인물이지요….
하하하;;;

2. 최초의 수학자 탄생

탈레스는 이오니아 지역의 도시인 밀레토스에서 태어났어.

밀레토스는 이오니아의 중심이자 항구 도시로 상업이 발달한 지역이었지.

상업이 발달하는 데 가장 중요한 건 뭘까? 바로 계산이야. 계산을 중요시한다는 건 합리적인 문화가 자리 잡았다는 거지. 그런 도시에서 자란 탈레스는 어려서부터 장사를 하며 수학적 재능을 키웠던 거야.

탈레스는 바빌로니아와 이집트에 머물면서 수준 높은 수학과 천문학에 관심을 가지고 열심히 공부했다고 해~

3. 수학자로서 남긴 업적

1) 막대기 하나로 측정한 피라미드의 높이

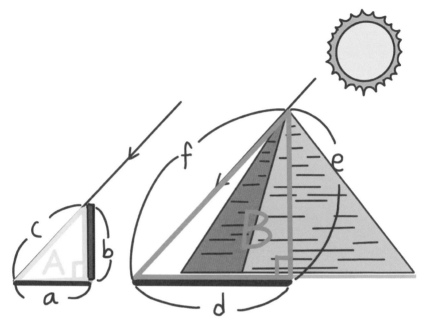

막대와 그림자로 이루어진 삼각형 A와
피라미드와 그림자로 이루어진 삼각형 B는
닮은꼴입니다.

그렇다면 비례식을 만들 수 있죠.

$a : b = d : e$

a는 막대의 그림자, b는 막대,
d는 피라미드의 그림자입니다.

이 세 가지는 쉽게 구할 수 있으니
피라미드의 높이 e도 직접 재지 않고
구할 수 있지요.

2) 탈레스의 정리

원과 삼각형 사이에 뭔가 숨겨진 법칙이 있을 거야.

원의 지름을 한 변으로 하고, 원 위에 한 점을 찍어 삼각형을 만들면 죄다 직각삼각형이 된단 말이지…. 이걸 어떻게 증명하지?

일단 내가 알고 있는 수학적 지식은 뭐지?

첫째, 이등변삼각형의 양 끝 각은 서로 같다.

$a = b$

둘째, 삼각형의 내각의 합은 180도이다.

$a + b + c = 180°$

그래!! 이 사실들을 바탕으로 증명해 보자!!

원의 지름을 한 변으로 하고,
원 위에 임의의 점 P와 연결하면
직각삼각형이야.
거기에 원의 중심 O와 점 P를
연결하면
삼각형이 두 개 생기겠지.

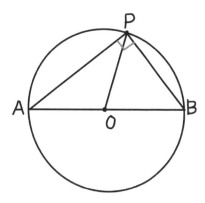

그런데 선분 OP, OA, OB는
원의 반지름이니까 길이가 모두 같아.
그래서 삼각형 A와 삼각형 B는
이등변삼각형이 되는 거지.
서로 같으니 그림처럼
표시할 수 있겠지?

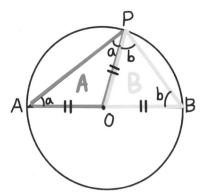

자~ 삼각형의 세 각의 합은 180도야.
그렇다면 삼각형 C의
양 끝 각의 합은 얼마일까?

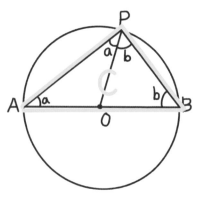

a+a+b+b=180도
2×(a+b)=180도

a+b=90도

이렇듯 탈레스는 공리(증명 없이 항상 참이라고 받아들이는 명제), 즉 이미 발견된 사실들을 바탕으로 새로운 문제를 증명했기 때문에 역사상 첫 번째 수학자로 불리고, '탈레스의 정리'는 수학 역사상 수학자의 이름을 붙인 첫 번째 정리가 되었어.

내가 최초라는
이야기지~

4. 우물에 빠진 수학자

천문학과 수학에 빠져 살던 탈레스는 길을 걸을 때도 항상 하늘을 쳐다보며 스스로에게 많은 질문을 던지곤 했지. 그래서 생긴 재미있는 일화가 있어.

5. 장사의 신

탈레스는 뛰어난 장사꾼이기도 했어. 수요와 공급의 법칙을 이용해 큰돈을 번 일화가 유명하거든. 탈레스는 올리브가 흉년일 때 싼값에 착유기(기름 짜는 기계)를 아주 많이 사 두었어.

그리고 올리브가 풍년이 들어 너도나도 착유기를 찾자 헐값에 산 착유기를 비싸게 팔아서 큰돈을 벌었지.

1. 세계에서 가장 유명한 정리

세계에서 가장 유명한 정리는 누가 뭐라 해도 피타고라스의 정리일 거야.
중학생이 되면 모두가 배우니까 말이야.

피타고라스의 정리

직각삼각형에서
빗변 길이의 제곱은
빗변을 제외한 두 변의
제곱의 합과 같다.

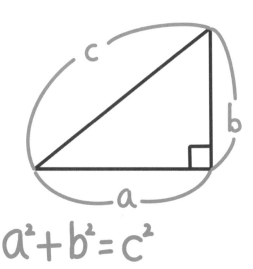

$$a^2 + b^2 = c^2$$

피타고라스의 정리를 만든 피타고라스는 에게해의 사모스섬에서 태어났어.

아버지가 부유한 무역상이어서 여러 나라를 여행할 수 있었고,
수준 높은 교육도 받았다고 해.

수학을 열심히 공부하던 피타고라스는 스승인 탈레스에게
미래를 바꿀 조언을 듣게 돼.

2. 피타고라스의 정리 1

피타고라스는 고대 이집트와 바빌론을 여행하면서 이런 생각을 했어.

형~ 우리 조상들은 어떻게 수직으로 피라미드를 만들었어?

꽉 잡아~ 이렇게 실의 매듭을 3:4:5로 잡아서 삼각형을 만들면 직각삼각형을 만들 수 있어.

이집트인들은 직각삼각형의 비율을 알고 있다! 그건 3:4:5야!

바빌론의 점토판에 직각삼각형을 만들 수 있는 다양한 비율이 적혀 있군.

플림톤 322호

13×9×2cm 크기로 작아서 사람들이 들고 다니면서 계산에 활용했을 것이라고 추측한다.

타일의 가운데
빨간색 직각삼각형을 둘러싼
정사각형 3개를 그려 보자.

먼저 정사각형 A의 넓이는

$$a \times a = a^2$$

정사각형 B의 넓이는

$$b \times b = b^2$$

정사각형 C의 넓이는

$$C \times C = C^2$$

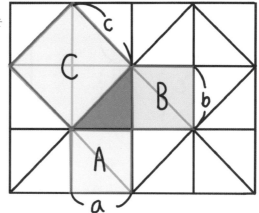

정사각형 C의 넓이는 정사각형 A와 정사각형 B의 넓이의 합과 같아.
그걸 정리하면 다음과 같지.

$$a^2 + b^2 = c^2$$

타일 한가운데 있는 직각삼각형의 아랫변은 a, 높이는 b, 빗변은 c니까
이렇게 표현할 수 있어!!

$$a^2 + b^2 = c^2$$

3. 피타고라스의 정리 2

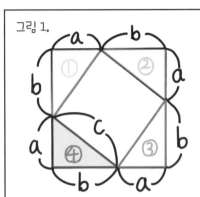

그림 1.

a와 b 두 변으로 이루어진
직각삼각형 4개를 다음과 같이
배치하면 큰 정사각형이 생겨.

그림 2.

큰 정사각형의 면적은 다음과 같지.

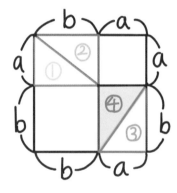

그림 3.

그림 1의 직각삼각형 4개를
그림 2의 큰 정사각형 위에
그림 3처럼 재배치해 보자.

그림 1의 큰 정사각형의 넓이:
직각삼각형 1+2+3+4+
한 변이 c인 정사각형의 넓이

그림 3의 큰 정사각형의 넓이:
직각삼각형 1+2+3+4+
한 변이 a인 정사각형의 넓이+
한 변이 b인 정사각형의 넓이

그림 1의 큰 정사각형의 넓이:
~~직각삼각형 1+2+3+4+~~
한 변이 c인 정사각형의 넓이

$=$

그림 3의 큰 정사각형의 넓이:
~~직각삼각형 1+2+3+4+~~
한 변이 a인 정사각형의 넓이+
한 변이 b인 정사각형의 넓이

$$c^2 \quad = \quad a^2 + b^2$$

이렇게 해서 그 유명한 피타고라스의 정리가 탄생한 거야.
피타고라스는 이미 이집트나 바빌론에서 쓰이던
직각삼각형의 비율 속에서 수학적 법칙을 발견한 거지.

4. 만물의 근원은 수

시간이 지날수록 피타고라스를 따르는 사람들이 더 많아지고 규모도 커졌어.

> 만물의 근원은 수입니다.
> 저희 모임에 참여해 주셔서
> 감사합니다.

수학을 연구하는 이 모임은 교육 기관이라기보다 종교 단체에 가까웠지.

우리 모임에서 꼭 지키고 믿어야 할 규칙입니다.

1. 만물의 근원은 수이다.
2. 죽으면 끝이 아니라 다시 태어난다.
3. 육식 금지, 무조건 채식.
4. 우리가 발견한 것을 절대 외부에 알리지 않는다.
5. 모든 연구 결과는 스승인 피타고라스의
   이름으로 발표한다.

5. 피타고라스의 숫자 사랑

피타고라스는 숫자의 성질에 큰 관심을 가지고 그 유형을 연구했어.
홀수와 짝수를 분류하고 다음과 같은 숫자들의 유형을 발견했지.

1) 완전수
자신을 제외한 약수의 합이 원래의 수가 되는 자연수를 완전수라고 해.
예를 들면, 6(=1+2+3)
28(=1+2+4+7+14)
그리고 자신을 제외한 약수의 합이 원래의 수를 초과하면 '초과수', 그에 못 미치면 '불완전수'라고 하지.
12는 1+2+3+4+6=16 따라서 초과수, 10은 1+2+5=8 따라서 불완전수가 되지.

신이 세상을 6일 동안 창조한 이유는
6이 완전수이기 때문입니다.

제가 누구냐고요?
아우구스티누스입니다만.
저에 대해 더 알고 싶으면
『그래픽 노블로 읽는 서양 철학 이야기』를
읽어 보도록….

나 그렇게
말한 적
없는데….

2) 친구수
대표적인 예가 220과 284야.
220의 약수: 1, 2, 4, 5, 10, 11, 20, 22, 44, 55, 110, 220
284의 약수: 1, 2, 4, 71, 142, 284

220의 약수의 합: 1+2+4+5+10+11+20+22+44+55+110=284
284의 약수의 합: 1+2+4+71+142=220

284의 약수에서 자신을 뺀 나머지의 합은 220이고,
220의 약수에서 자신을 뺀 나머지의 합은 284야.
이렇게 특수한 관계에 있는 수들을 '친구수'라고 해.

3) 삼각수

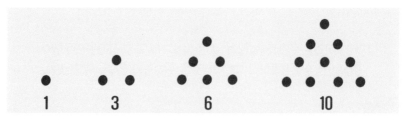

위의 그림처럼 1, 3, 6, 10 순으로 삼각형 모양으로 쌓이는 수를 '삼각수'라고 해.
삼각수에는 다음과 같은 비밀이 숨어 있어.

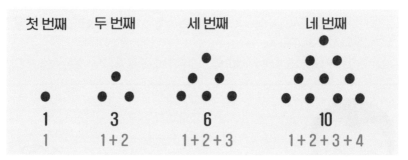

첫 번째	두 번째	세 번째	네 번째
1	3	6	10
1	1+2	1+2+3	1+2+3+4

이런 순서대로라면 다섯 번째 수는 당연히 1+2+3+4+5=15가 되겠지.
그렇다면 여섯 번째 수는 뭐가 될까? 한번 맞혀 봐~

4) 사각수

1, 4, 9, 16…처럼 완전제곱으로 사각형을 이루는 수를 '사각수'라고 해.

첫 번째	두 번째	세 번째	네 번째
1	4	9	16
1^2	2^2	3^2	4^2
1	1+3	1+3+5	1+3+5+7

사각수에는 연속되는 홀수의 합이 사각수가 되는 비밀이 숨어 있어.

6. √2 살인사건

어느 날 피타고라스의 제자인 히파수스가 이런 질문을 했지.

중학생이 되면 배우겠지만, 제곱해서 2가 되는 수를 $\sqrt{2}$ 라고 해. $\sqrt{2}$ 는 분수로 나타낼 수 없는 무리수로 분류하지. 하지만 당시 피타고라스가 믿었던 수의 범위는 유리수였어. 즉 분수로 나타낼 수 없는 무리수는 수로 인정할 수 없었던 거야.

이 세상은 수로 이루어졌어.
유리수가 아닌 수는 절대로 수가 아니야.
히파수스는 신성한 수의 세계를
망치고 있어.
히파수스… 넘지 말아야 할 선을 넘었다!

결국 무리수의 존재를 이야기했던 히파수스는 목숨을 잃고 말았지.

7. 피타고라스의 또 다른 업적

피타고라스는 입체 도형 중 정다면체가 될 수 있는 도형이 다섯 가지밖에 없다는
사실을 발견했어.

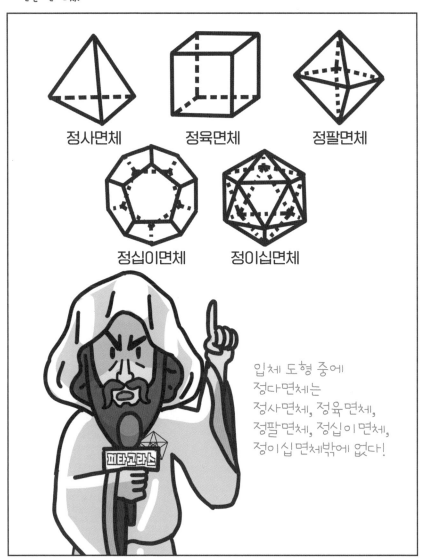

정사면체   정육면체   정팔면체

정십이면체   정이십면체

입체 도형 중에
정다면체는
정사면체, 정육면체,
정팔면체, 정십이면체,
정이십면체밖에 없다!

지금의 지동설과는 다르지만, 지구가 움직인다는 점에서 지동설과 흡사한 학설을
주장했다고도 해.

우주 한가운데에 불이 있고
지구와 태양 및 행성들이
원을 그리며 움직인다.

철학자(Philosopher)라는 말을 처음 쓴 것도 피타고라스였다고 해.

레온 왕자여~ 인생이란 지금 당신이 보고 있는 경기장과
비슷합니다. 어떤 이는 재물을 구하는 일에 몰두하고,
또 어떤 이는 명예와 영광을 얻으려 헛된 야망을 품습니다.
그러나 그들 중에는 지금 눈앞에서 벌어지는 모든 일을
주의 깊게 바라보며 이해하려고 애쓰는 사람도 있습니다.
이것이 바로 인생입니다.
이들 중 가장 현명한 이는 삶 자체의
의미와 목적을 탐구하는
자입니다.

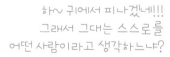

하~ 귀에서 피나겠네!!!
그래서 그대는 스스로를
어떤 사람이라고 생각하느냐?

저는 철학자(Philosopher)입니다.
　　지혜(sophia)를 사랑하는 사람(philos)이지요~

chapter 2
헬레니즘 시대의 수학
수학의 전성기

유클리드
B.C. 330~B.C. 275

아르키메데스
B.C. 287?~B.C. 212

아폴로니오스
B.C. 262?~B.C. 190?

디오판토스
246?~330?

히파티아
370?~414

기원전 4세기경, 아리스토텔레스의 제자 알렉산드로스가 도시 국가였던 그리스를 통일하고 주변의 여러 나라를 정복했어.

알렉산드로스는 이집트를 정복하고 난 뒤 자신의 이름을 따서 알렉산드리아라는 도시를 세웠지. 하지만 그는 인도를 정복하고 돌아오는 길에 32세의 젊은 나이로 세상을 떠났고, 그의 대제국도 결국 세 조각이 났어.

알렉산드로스가 죽고 난 뒤 이집트 지역을 통치하게 된 사람은 프톨레마이오스 1세였어. 그는 수도를 알렉산드리아로 정하고 대학과 대도서관을 세워 그리스의 문화와 철학이 이어질 수 있게 했지. 수학 역시 그리스에서 알렉산드리아로 그 중심지가 이동했고, 수학의 발전에 큰 획을 그은 많은 수학자가 남긴 방대한 저서들은 이후 수학 발전에 기름진 토양 역할을 하게 된 거야.

유클리드

B.C. 330~B.C. 275

1. 수학의 바이블

이 세상에서 성경 다음으로 많이 팔린 책이 바로 『기하학 원론』이지.

『기하학 원론』

『기하학 원론』은 탈레스, 피타고라스, 플라톤, 아리스토텔레스 등 많은 선대 학자의
지식을 모아 체계적으로 정리한 책이야.

지금의 중학교 수학 교과서는
『기하학 원론』을 각색해서
만들었다고 보면 돼.
정말 대단하지?
2,500년 전에 쓰인 내용을
지금도 배우고 있으니 말이야.

2. 『기하학 원론』의 구성

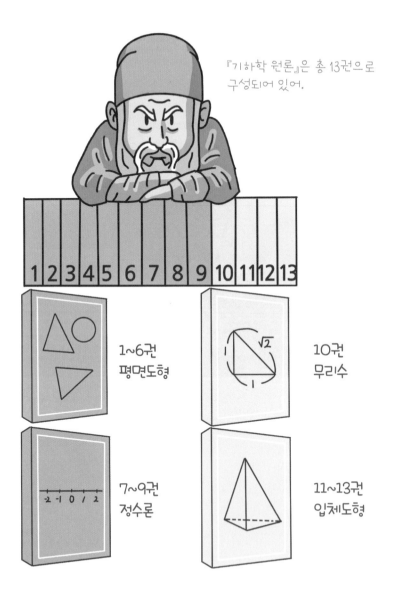

『기하학 원론』은 총 13권으로 구성되어 있어.

1 2 3 4 5 6 7 8 9 10 11 12 13

1~6권
평면도형

7~9권
정수론

10권
무리수

11~13권
입체도형

먼저 목차를 살펴볼까?

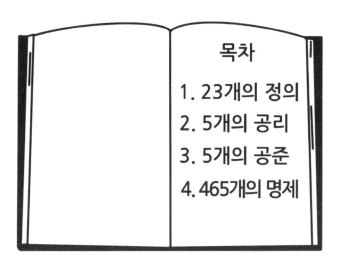

1) 23개의 정의

'정의'란 뜻을 명확하게 정한다는 거야. 여기서 23개의 정의 중 몇 가지를 살펴보자.

정의 1. 점은 부분이 없는 것이다.

●

정의 2. 선은 폭이 없는 길이다.

───────────

정의 3. 선의 끝은 점이다.

●──────────●

정의 12. 예각이란 직각보다 작은 각이다.

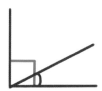

정의 20. 정삼각형은 세 변의 길이가 같고, 이등변삼각형은 두 변의 길이가 같다.

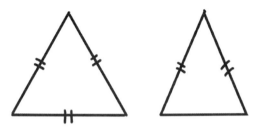

정의 23. 평행한 두 직선이란 동일한 평면상에서 무한히 연장했을 때 서로 만나지 않는 두 직선이다.

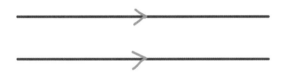

2) 5개의 공리와 5개의 공준

어떤 사실에 대해 의심할 수 없는 명제를 공리라고 해.

어떤 사실에 대해 의심할 수 없는 작도 방법을 공준이라고 하지.

여기서 몇 가지 공리와 공준에 대해 알아보자.

공리 1. A=B이고, B=C이면 A=C이다.

공리 2. A=B이고, C=D이면 A+C=B+D이다.

공리 3. A=B이고, C=D이면 A-C=B-D이다.

공준 1. 한 점에서 다른 한 점으로 직선을 그릴 수 있다.

공준 2. 직선은 무한히 연장할 수 있다.

3. 『기하학 원론』의 수학적 의미

앞에서 살펴봤듯이, 『기하학 원론』의 수학적 의미는 누구도 의심할 수 없는 사실로부터 논리적인 문제들을 증명하고 정리했다는 거야. 그러면서 수학에서 부정확성을 제거하고 완벽한 수학적 이론만 책에 담을 수 있었지.

어때? 탄탄하지?
수학은 절대 틀릴 리 없어!!
왜냐고?
절대 틀릴 리 없는 사실들 위에
쌓아 올린 거거든~

이렇게 수학계의 바이블이 된 『기하학 원론』은
후대의 많은 학자에게 영향을 주었다고 해.

맞아요,
제가 『프린키피아』를 쓸 때
『기하학 원론』의
논리적 전개 방식을
그대로 따랐어요.
_뉴턴

저도 유클리드 기하학의
증명 방식대로
『윤리학』이라는
책을 썼지요.
_스피노자

제가 열두 살 때 갖게 된
『기하학 원론』은
저에게 엄청난
영향을 주었지요.
_아인슈타인

4. 수학에 대한 그의 철학

사실 유클리드의 생애는 알려진 것이 별로 없어. 두 가지 이야기 정도가 전해 오는데, 이 이야기에서 수학에 대한 그의 철학을 알 수 있지.

유클리드는 수학을 학문으로 접근하길 바랐고
꾸준히 열심히 해야
수학을 잘할 수 있다고 이야기하는 거야.

아! 진짜 쉽게
배울 방법은
없단 말인가….

5. 피타고라스의 정리 챌린지

유클리드는 당시 유행하던
피타고라스의 정리 챌린지에
도전했어.

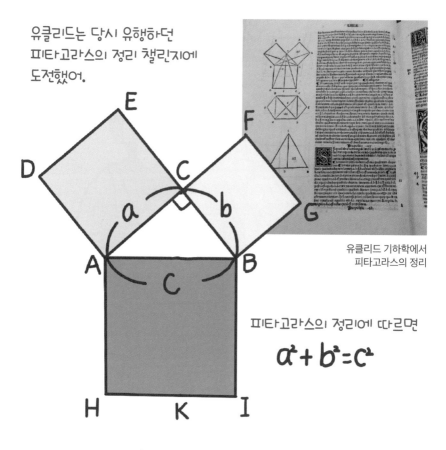

유클리드 기하학에서
피타고라스의 정리

피타고라스의 정리에 따르면

$$a^2 + b^2 = c^2$$

a^2 은 파란색 정사각형의 넓이,
b^2 은 노란색 정사각형의 넓이,
c^2 은 빨간색 정사각형의 넓이야.

그러니까
파란색 사각형의 넓이+노란색 사각형의 넓이=빨간색 사각형의 넓이.
이것을 증명하면 되는 거야~

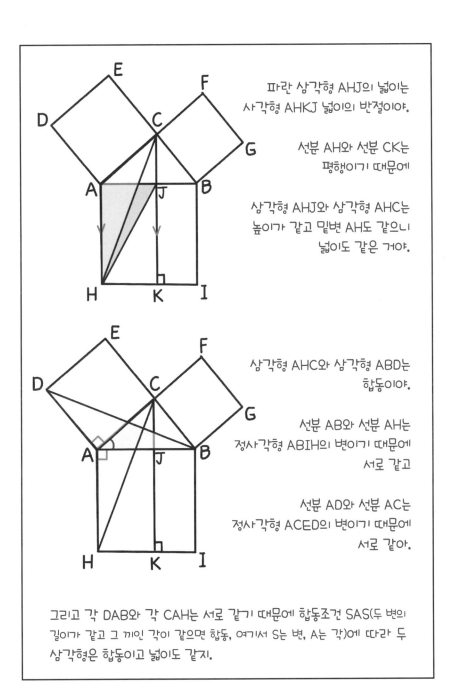

파란 삼각형 AHJ의 넓이는
사각형 AHKJ 넓이의 반절이야.

선분 AH와 선분 CK는
평행이기 때문에

삼각형 AHJ와 삼각형 AHC는
높이가 같고 밑변 AH도 같으니
넓이도 같은 거야.

삼각형 AHC와 삼각형 ABD는
합동이야.

선분 AB와 선분 AH는
정사각형 ABIH의 변이기 때문에
서로 같고

선분 AD와 선분 AC는
정사각형 ACED의 변이기 때문에
서로 같아.

그리고 각 DAB와 각 CAH는 서로 같기 때문에 합동조건 SAS(두 변의
길이가 같고 그 끼인 각이 같으면 합동, 여기서 S는 변, A는 각)에 따라 두
삼각형은 합동이고 넓이도 같지.

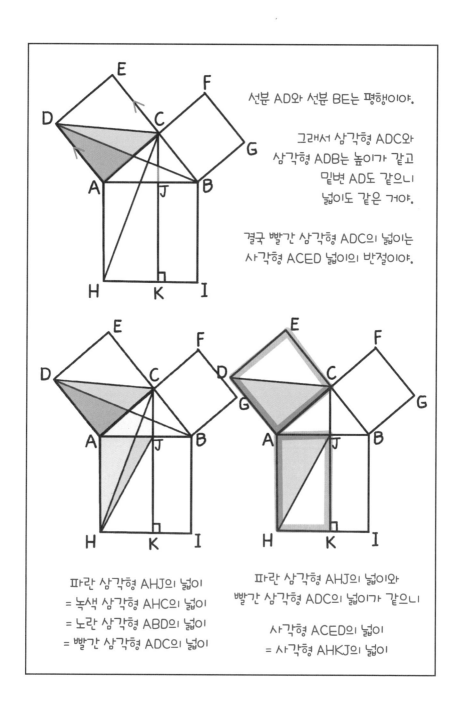

선분 AD와 선분 BE는 평행이야.

그래서 삼각형 ADC와
삼각형 ADB는 높이가 같고
밑변 AD도 같으니
넓이도 같은 거야.

결국 빨간 삼각형 ADC의 넓이는
사각형 ACED 넓이의 반절이야.

파란 삼각형 AHJ의 넓이
= 녹색 삼각형 AHC의 넓이
= 노란 삼각형 ABD의 넓이
= 빨간 삼각형 ADC의 넓이

파란 삼각형 AHJ의 넓이와
빨간 삼각형 ADC의 넓이가 같으니

사각형 ACED의 넓이
= 사각형 AHKJ의 넓이

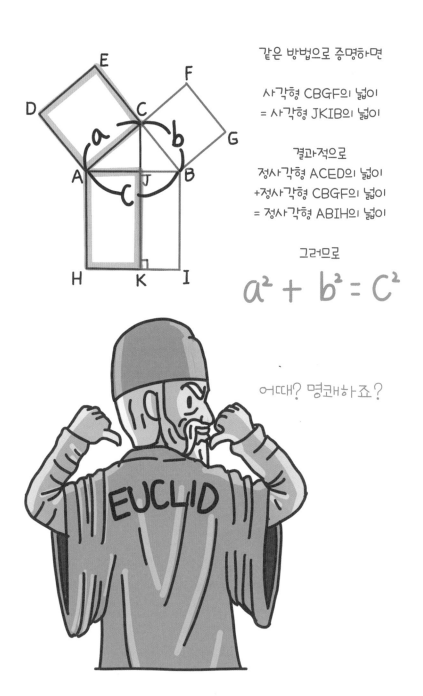

같은 방법으로 증명하면

사각형 CBGF의 넓이
= 사각형 JKIB의 넓이

결과적으로
정사각형 ACED의 넓이
+정사각형 CBGF의 넓이
= 정사각형 ABIH의 넓이

그러므로

$$a^2 + b^2 = c^2$$

어때? 멋코비하죠?

아르키메데스

B.C. 287?~B.C. 212

1. 필즈상의 상징

2022년 7월, 한국계 수학자 허준이 교수님이 수학계의 노벨상으로 불리는 '필즈상'을 수상했어. 이 필즈상에는 지금부터 만나 볼 아르키메데스의 초상이 그려져 있다고 해.

아르키메데스 필즈상

2. 수학을 너무 좋아한 과학자

'유레카'로 유명한 과학자 아르키메데스는 그래픽 노블 시리즈 2권『서양 과학 이야기』에 나왔던 주인공 중 한 명이야(내용이 궁금하다면『그래픽 노블로 읽는 서양 과학 이야기』를 꼭 읽어 보도록).

3. 파이(π)의 값을 알아내다

아르키메데스는 도형에 관심이 무척 많았어. 그래서 다음과 같은 아이디어로
원주율(파이) 값을 정밀하게 구했지.

지름이 1인 원의 둘레가 원주율(파이)과 같기 때문에
1(지름) × 원주율 = 원의 둘레
이 원의 둘레를 알아내면 원주율을 알게 되는 거였어.

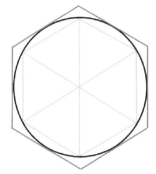 

내접하는 육각형의 둘레: 3
외접하는 육각형의 둘레: 3.4641

내접하는 십이각형의 둘레: 3.1058
외접하는 십이각형의 둘레: 3.2154

$$3 < π < 3.4641$$

$$3.1058 < π < 3.2154$$

이런 식으로 계속 반복해서
정96각형까지 구하면

$$3.1410 < π < 3.1427$$

4. 원의 넓이 공식을 알아내다

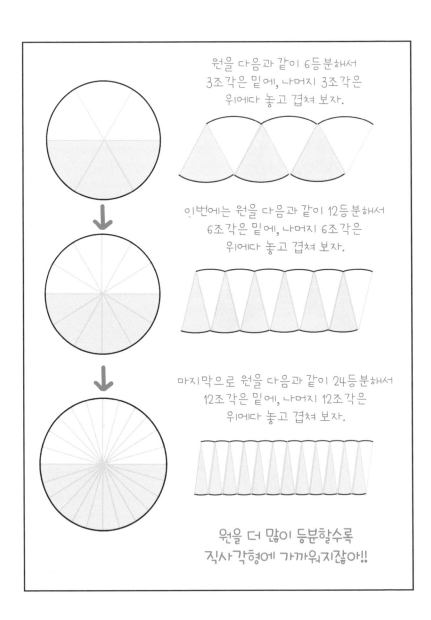

원을 다음과 같이 6등분해서
3조각은 밑에, 나머지 3조각은
위에다 놓고 겹쳐 보자.

이번에는 원을 다음과 같이 12등분해서
6조각은 밑에, 나머지 6조각은
위에다 놓고 겹쳐 보자.

마지막으로 원을 다음과 같이 24등분해서
12조각은 밑에, 나머지 12조각은
위에다 놓고 겹쳐 보자.

원을 더 많이 등분할수록
직사각형에 가까워지잖아!!

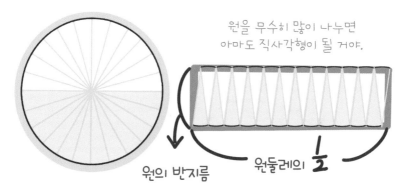

원을 무수히 많이 나누면 아마도 직사각형이 될 거야.

원의 반지름

원둘레의 $\frac{1}{2}$

그럼 직사각형의 넓이를 구해 볼까? 직사각형의 넓이는 가로 ×세로니까

원의 반지름 × 원둘레의 $\frac{1}{2}$

원의 반지름 × 지름 × 원주율(π) × $\frac{1}{2}$

원의 반지름 × 2 × 원의 반지름 × 원주율(π) × $\frac{1}{2}$

원의 반지름 × 원의 반지름 × 원주율(π)

유레카!!
원의 넓이를 구하는 방법은

원의 반지름 × 원의 반지름 × 원주율(π)

5. 원뿔, 구의 부피를 알아내다

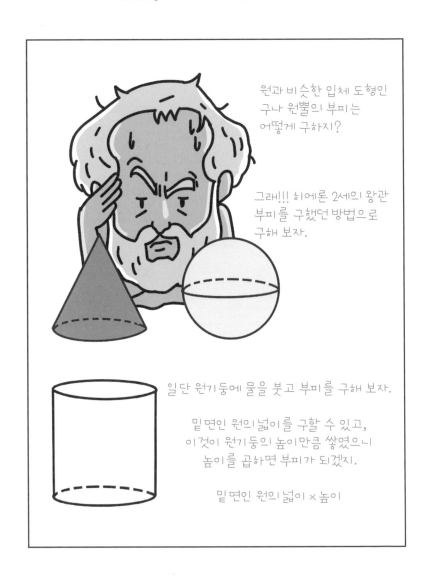

원과 비슷한 입체 도형인 구나 원뿔의 부피는 어떻게 구하지?

그래!!! 히에론 2세의 왕관 부피를 구했던 방법으로 구해 보자.

일단 원기둥에 물을 붓고 부피를 구해 보자.

밑면인 원의 넓이를 구할 수 있고, 이것이 원기둥의 높이만큼 쌓였으니 높이를 곱하면 부피가 되겠지.

밑면인 원의 넓이 × 높이

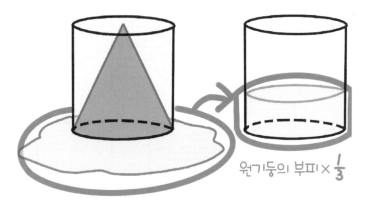

원기둥의 부피 × $\frac{1}{3}$

여기에 밑면의 지름이 같고 높이가 같은 원뿔을 넣어 보자.
그리고 넘친 부피를 구하면 원기둥 부피의 3분의 1이야.

원기둥의 부피 × $\frac{2}{3}$

이와 동일하게, 지름이 같은 구를 원기둥에 넣어 보자.
그리고 넘친 부피를 구하면 원기둥 부피의 3분의 2야.

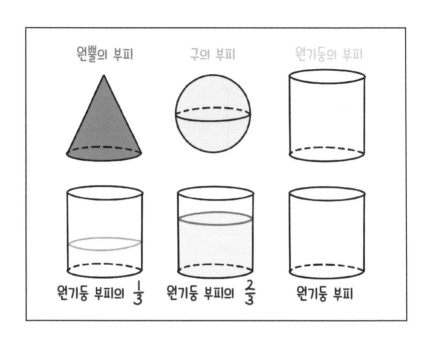

원뿔의 부피   구의 부피   원기둥의 부피

원기둥 부피의 $\frac{1}{3}$ 원기둥 부피의 $\frac{2}{3}$ 원기둥 부피

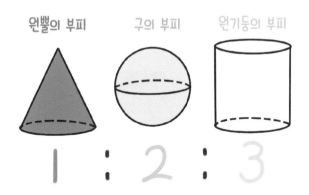

원뿔의 부피 　구의 부피 　원기둥의 부피

1 : 2 : 3

유레카!!

6. 아르키메데스, 수학과 함께 잠들다

로마가 시라쿠사를 점령했을 때 아르키메데스는 땅바닥에 수학 문제를 풀다가
로마 병사에게 죽임을 당했어.

그런데 적군이었던 로마군의 지휘관 마르텔루스는 평소 아르키메데스가 만든 무기를
보며 그를 존경했다고 해.

네가 죽인 그 노인은 비록 적이었지만
내가 존경하는 아르키메데스다.

아! 그게…
음….

그래서 아르키메데스의 묘비에는 다음과 같은 그의 업적이 새겨졌다고 해.

아폴로니오스
B.C. 262?~B.C. 190?

1. 알렉산드리아의 3대 수학자

알렉산드리아 시대의 3대 수학자로는 유클리드, 아르키메데스, 아폴로니오스를
꼽을 수 있어.

2. 원뿔 곡선론

『원뿔 곡선론』을 집필한 아폴로니오스는 원뿔을 날카로운 칼날로 잘랐을 때 생기는 선들을 관찰하고 타원, 포물선, 쌍곡선 등을 발견했지.

3. 아폴로니오스의 원

고등학교 교과서에 나오는 아폴로니오스의 원은 무척 유명한 개념이야.
여기서 아주 간단히 알아보고 가자.

아폴로니오스의 원: 두 점으로부터 일정한 거리의 비로 떨어져 있는 점들의 집합

1. 점 A와 점 B 사이에 일정한 비율 m:n의 거리에 있는 점 P를 잡아.

2. 점 A와 점 B 밖으로 일정한 비율 m:n의 거리에 있는 점 P_1을 잡아.

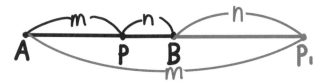

3. 점 A와 점 B 위에 일정한 비율 m:n의 거리에 있는 점 P_2를 잡아.

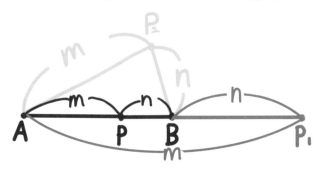

4. 점 A와 점 B 위에 일정한 비율 m:n의 거리에 있는 점 P₃를 잡아.

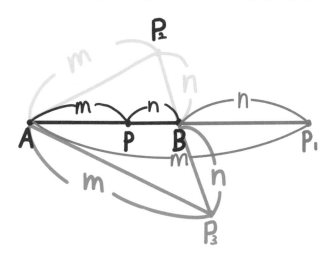

5. 이렇게 반복적으로 점 A와 점 B에서 일정한 비율 m:n의 거리에 있는 점 P들을 무수히 많이 찍다 보면, 점 P와 점 P₁을 지름으로 하는 원이 만들어진다는 거야.

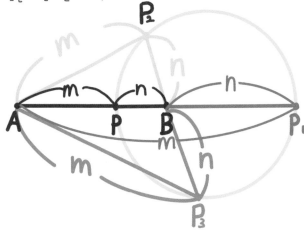

디오판토스

246?~330?

1. 대수학의 아버지

대수학이란 무엇일까? 초등학교 수학에서는 모르는 숫자를 네모로 두고 문제를 풀었는데, 중학교에 가면 그 네모를 x나 y로 표시해.

$$5 - \square = 2 \quad \rightarrow \quad 5 - x = 2$$

초등학교 수학   중학교 수학

이렇게 수학에서 문자를 쓰거나 긴 문장으로 된 문제를 간단한 기호로 표시하는 수학 분야를 대수학이라고 해.

사과 5개가 있었는데 밖에서 놀다 오니까 2개가 남았어. 도대체 누가, 내 사과를 몇 개 가져간 거야?

디오판토스 수식: $\overline{\Xi} \wedge \varsigma \overset{\iota}{\omega} \overline{\beta}$

현대 방정식: $5 - x = 2$

2. 방정식 묘비

디오판토스에 대해 알려진 것은 많지 않지만, 그의 묘비는 아주 유명하지. 방정식 문제를 묘비에 새겨 놓았거든.

나그네여!
이 비석 아래 디오판토스가 잠들어 있다. 그의 신비스러운 생애를 수로 말해 보겠다.
신의 축복으로 태어난 그는 인생의 $\frac{1}{6}$을 소년으로 보냈다. 그리고 다시 인생의 $\frac{1}{12}$이 지난 뒤 얼굴에 수염이 나기 시작했다. 다시 $\frac{1}{7}$이 지난 뒤 그는 아름다운 여인과 결혼했으며, 결혼한 지 5년 만에 귀한 아들을 얻었다.
아! 그러나 그의 가엾은 아들은 아버지 삶의 반밖에 살지 못했다. 아들을 먼저 보내고 깊은 슬픔에 빠진 그는 4년 동안 정수론에 몰입하며 자신을 위로하다가 생을 마쳤다.

아!
왠지 풀어 봐야 할 것 같은데…

나그네

잘 모르겠지? 내 묘비 문제 풀이 들어간다~

나의 인생을 x로 놓고 계산해 보면

소년으로 보낸 시기가 $\frac{1}{6}$ 이니까: $\frac{1}{6}x$

수염이 날 때까지는 $\frac{1}{12}$ 이니까: $\frac{1}{12}x$

결혼할 때까지는 $\frac{1}{7}$ 이니까: $\frac{1}{7}x$

아들이 살았던 기간이 $\frac{1}{2}$ 이니까: $\frac{1}{2}x$

아들이 태어나기 전 5년, 슬픔에 빠졌던 4년

이걸 식으로 나타내면 다음과 같아.

$$\frac{x}{6} + \frac{x}{12} + \frac{x}{7} + 5 + \frac{x}{2} + 4 = x$$

$$\frac{2x + x + 6x}{12} + \frac{x}{7} + 9 = x$$

$$\frac{\overset{3}{\cancel{9}x}}{\underset{4}{\cancel{12}}} + \frac{x}{7} - x = -9$$

$$\frac{21x + 4x - 28x}{28} = -9$$

$$\frac{-3x}{28} = -9 \rightarrow x = \overset{3}{\cancel{9}} \times \frac{28}{\underset{1}{\cancel{3}}}$$

$$\therefore x = 84$$

내 나이 84세.
알겠어??

3. 『아리스메티카』

디오판토스는 이러한 방정식 문제들을 책으로 만들었어. 책 제목은 바로 『아리스메티카』야. 우리말로 '산술'이라는 뜻이지. 이 책은 총 13권이었는데 중세를 거치면서 6권만 남아 수학의 역사를 이어 가는 데 중요한 역할을 했다고 해.

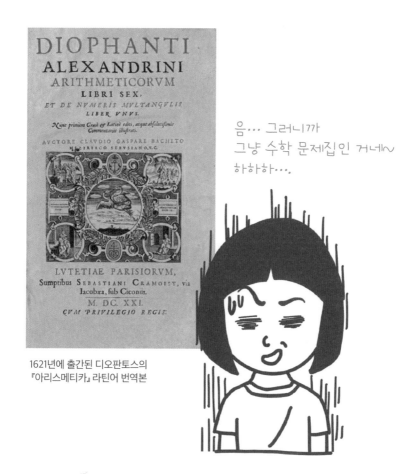

1621년에 출간된 디오판토스의
『아리스메티카』 라틴어 번역본

음… 그러니까
그냥 수학 문제집인 거네~
하하하….

히파티아
370?~414

1. 헬레니즘 시대 수학의 종말

찬란했던 헬레니즘 시대의
수학도 막을 내리게 되는데,
그 기점은
최초의 여성 수학자였던
히파티아의 죽음이었다고 해.

2. 진리와 결혼한 수학자

알렉산드리아 대도서관 관장 테온의 딸인 히파티아는 아버지를 도와 디오판토스의
『아리스메티카』와 아폴로니오스의 『원뿔 곡선론』 등의 해설서를 썼어.

수학과 철학에서 뛰어난 히파티아의 실력 덕분에 많은 사람이
제자가 되어 그녀를 따랐다고 해.

많은 남성이 히파티아의 아름다운 모습에 반해 청혼했지만 여러 학문에 깊이 빠져 있던 그녀는 단칼에 거절했지.

3. 중세의 시작

기독교가 로마제국의 국교가 되면서 종교의 힘이 막강해졌어. 그 당시 히파티아는
위험한 사상을 전파하는 마녀로 몰려 잔인한 죽음에 이르게 되었지.

신보다 인간을
중요하게 여기는 수학자들은
이단이다.

여자가 남성 추종자들을 거느리고
수학을 가르치다니,
마녀가 하는 짓이다!

비슷한 시기, 고대 그리스의 지혜를 보관하던 알렉산드리아 도서관에도 불이 나면서 찬란했던 헬레니즘 시대의 수학은 막을 내리고 1,000년의 중세 암흑기가 시작됐어.

히파티아~
당신 없는 내 삶도
암흑기라오~

chapter 3
중세의 수학
암흑기에 새어 나온 빛

콰리즈미
780?~850?

피보나치
1170~1250?

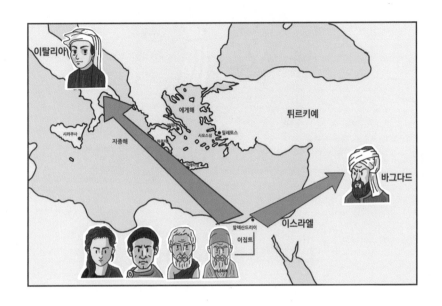

로마의 콘스탄티누스 1세는 제국의 안정을 도모하려고 313년 밀라노 칙령을 발표해서 기독교를 공식 인정했어. 그 뒤 기독교의 힘은 아주 강해졌지. 종교의 엄청난 힘은 인간의 이성과 철학을 억눌렀고, 수학 역시 암흑기에 접어들었어. 『그래픽 노블로 읽는 서양 과학 이야기』에서도 다루었지만 이러한 암흑기에 서양의 과학, 철학, 수학 등이 이슬람 문화권에서 그 명맥을 이어 갔지. 알렉산드리아 대도서관을 중심으로 서양의 수학이 황금기를 맞이했다면, 중세 시대에는 바그다드의 '지혜의 집'을 중심으로 수학의 발전이 이어졌어. 그리고 그 중심에는 지혜의 집을 건설할 때 책임자였던 수학자 콰리즈미가 있었다고 해. 이번 장에서는 콰리즈미의 수학적 업적, 그리고 상업이 발달했던 이탈리아에서 이슬람으로 이어진 수학의 물길을 다시 서양으로 이어 준 중세 시대의 위대한 수학자 피보나치에 대해 알아보자.

콰리즈미
780?~850?

1. 지혜의 집, 우주 대스타

이슬람 학문의 중심이었던 바그다드의 '지혜의 집'에서 수많은 과학자와 수학자가 배출되었지. 그중 가장 유명한 사람은 지혜의 집 건설 총책임자였던 수학자 콰리즈미였어.

아버지의 뜻을
이어받아
연구 기관을
세우고 싶네.
자네가 건설 책임자를
맡아 주게나.

네!
알겠습니다.

2. 양팔저울과 방정식

그 당시 사람들은 방정식을 풀 때 일일이 숫자를 넣어 보았다고 해.
엄청나게 많은 시간이 걸렸겠지?

오른쪽 그림처럼
무게가 같은 물체에

똑같은 무게를 더하거나 빼도 무게는 같아.

그리고 0이 아닌 수를 곱하거나 나누어도 무게는 같지.

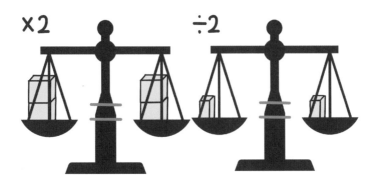

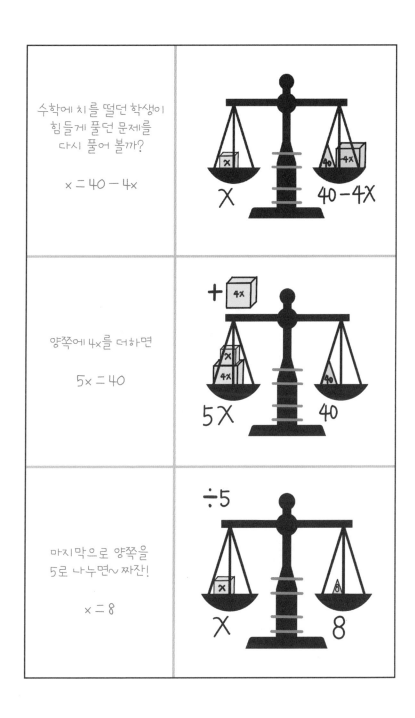

수학에 치를 떨던 학생이
힘들게 풀던 문제를
다시 풀어 볼까?

$x = 40 - 4x$

양쪽에 4x를 더하면

$5x = 40$

마지막으로 양쪽을
5로 나누면~ 짜잔!

$x = 8$

3.『대수학』

콰리즈미는 이러한 등식의 성질을 이용했어. 이항과 동류항 정리 등을 활용해 방정식 쉽게 푸는 방법을 『대수학』이라는 책에 제시했지.

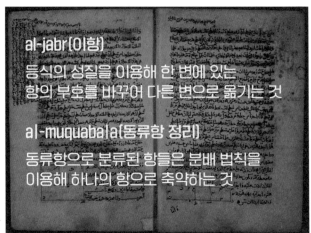

al-jabr(이항)
등식의 성질을 이용해 한 변에 있는
항의 부호를 바꾸어 다른 변으로 옮기는 것

al-muquabala(동류항 정리)
동류항으로 분류된 항들은 분배 법칙을
이용해 하나의 항으로 축약하는 것

콰리즈미의 대수학

이항을 이용한 일차 방정식 풀이 방법

1. 미지수가 있는 항은 모두 좌변으로,
   상수항은 모두 우변으로 이항한다.
2. 식을 간단히 정리해서
   ax=b(a가 0이 아닐 때)의 꼴로 고친다.
3. 양변을 x의 계수 a로 나눈다.

우리가 사용하는 다음과 같은 방정식 풀이 방법이 바로
콰리즈미가 알려 준 방법이라는 거야.

4. 아라비아 숫자의 진실

우리가 지금 쓰고 있는 숫자를 '아라비아 숫자'라고 하잖아? 그런데 이 숫자는 사실 인도에서 발명되었어. 우리가 아라비아 숫자라고 부르게 된 것도 다 콰리즈미 때문이지.

이렇게 편리한 인도의 숫자와 계산법이 아라비아 사람인 콰리즈미의
책으로 전 세계에 퍼지면서 아라비아 숫자라고 불리게 된 거야.

어때? 인도 사람들은 억울하겠지?
그래서 지금은
'인도-아라비아 숫자'로 표기해~

여기서 TMI 하나 더!

이 책의 라틴어식 제목인 Algoritimi de numero Indorum은
나중에 알고리듬(algorithm)의 어원이 되었다는 거!

피보나치

1170~1250?

1. 금수저 피보나치

중세 시대, 피사에서 태어난 피보나치는 정부 관리였던 아버지 덕분에 어린 나이에 알제리로 유학을 갈 수 있었고, 그곳에서 아라비아 수학을 배웠어.

이후에는 이집트, 시리아, 그리스 등지로 여행을 다니면서 아라비아인들의
계산 방법을 접하게 되었지.

소금 220g 더 주쇼~

이미 1,230g
주었으니
모두 합해서
1,450g이요~

아니, 저렇게 빠르고 정확하게
계산을 하다니….

우리가 쓰는 로마자로 계산해 보면
MCCXXX + CCXX= MCCCCXXXXX
C가 4개면 CD, X가 5개면 L이야.
그래서 MCDL이야.

계산 방법이 너무 길고 어려워.
그런데 저들이 쓰는 방식은 직관적이고
너무 쉽잖아!

2. 베스트셀러 『산반서』

피사로 돌아온 피보나치는 아라비아 숫자를 사용해 10진법으로 계산하는 방법을
소개하는 책을 쓰기 시작해. 그 책이 바로 『산반서』야.

> 이렇게 쉬운 아라비아
> 숫자 계산법은
> 더 많은 사람이 알아야 해.
> 내가 책으로 만들어야겠어!!

『산반서』는 출판되자마자 베스트셀러가 되었어. 그 이유는 이론에 그치지 않고
이자율, 환율 등 실생활에 필요한 실용적인 문제로 당시 사람들에게 쉽게
다가갔기 때문이지.

베스트 셀러 피보나치의
산반서

12345
+, −, ×, ÷
67890

개념+적용이 가능한 실생활 문제 대거 수록

수학의 완전 학습서

> 사람들이 얘기하던
> 책이 저 책이구나!!
> 저 책으로 공부하면
> 아주 쉽고 빠르게
> 계산할 수 있다고 하니
> 나도 사서 공부해야겠다~

3. 피보나치 수열

『산반서』 12장에는 피보나치를 스타로 만들어 준 문제가 있어.

킬러 문제

어떤 사람이 폐쇄된 공간에서 토끼 한 쌍을
기른다. 토끼 한 쌍이 한 달 만에 새끼를
한 쌍 낳고, 태어난 토끼들이 새끼를 한 쌍
낳기까지 한 달이 걸린다면,
1년 후 토끼는 모두 몇 쌍일까?

한번 풀어 볼까?

	아기 토끼	어린이 토끼	어른 토끼	총계
1		🐰		1
2	🐰		🐰	2
3	🐰	🐰	🐰	3
4	🐰 🐰	🐰	🐰 🐰	5
5	🐰 🐰 🐰	🐰 🐰	🐰 🐰 🐰	8
6	🐰🐰🐰🐰🐰	🐰 🐰 🐰	🐰 🐰 🐰 🐰 🐰	13

첫째 달에는 한 쌍, 둘째 달에는 새로운 토끼 한 쌍을 낳아 두 쌍,
셋째 달에는 원래 있던 토끼 한 쌍이 세 쌍이 되고,
넷째 달에는 처음 태어난 토끼가 자라서 새로운 토끼 한 쌍을 낳아
총 5쌍이 된 거지. 이렇게 숫자를 나열하다 보면 답은 377쌍이 돼.

그런데 이 숫자들을 나열해 보면 신기한 점이 있어.

I, 2, 3, 5, 8, 13, 21, 34, 55, 89, 144, 233, 377

각 항의 숫자는 바로 직전 두 항의 수를 합한 것이라는 거야.

1+2=3, 2+3=5, 3+5=8, 5+8=13, 8+13=21

이것을 수식으로 나타내면 다음과 같아.

$$F_{n+2} = F_{n+1} + F_n$$

오!!
역시 쉽고 빠르게
익힐 수 있군!

4. 자연계의 피보나치 수열

신기하게도 이 피보나치 수열은 우리 주변의 자연 현상에서 많이 확인할 수 있어.
예를 들면 꽃들의 꽃잎 수가 피보나치 수열을 따라 나타난다는 거야.

꽃기린 2장

연령초 3장

무궁화 5장

코스모스 8장

그리고 나무가 가지를 뻗어 나가는 것도 피보나치 수열을 따르지.

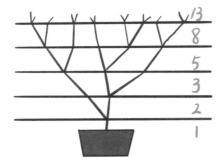

이 밖에도 해바라기나 솔방울의 감긴 모습에도 피보나치 수열이
숨어 있다고 해. 솔방울의 비늘잎이 시계 방향으로 8줄, 반시계
방향으로 13줄 감겨 있는 게 보이지?

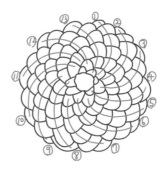

5. 황금비의 발견

각각의 피보나치 수를 앞의 수로 나누다 보면, 그 수가 특정한 값 1.618에 가까워져. 이것을 '황금비'라고 해.

| 2 | 3 | 5 | 8 | 13 | 21 | 34 | 55 | 89 | 144 |

2 1.5 1.66 1.6 1.625 1.615 1.619 1.617 1.618 1.617

사람들은 일정한 비율인 황금비에 아름다움을 느끼고, 무의식중에 그러한 비율로 이루어진 것을 좋아하게 된대. 그래서 신용카드도 황금 비율을 활용해서 만들었고, 우리가 좋아하는 기업의 로고도 이 황금 비율을 활용했다고 해.

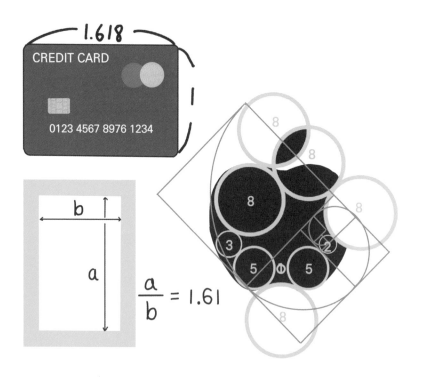

$$\frac{a}{b} = 1.61$$

6. 피보나치의 수학적 업적

피보나치는 수학의 암흑기였던 중세 시대에 동양으로 이어졌던 수학의 물길을
서양으로 연결했다는 데 큰 공이 있어.

그리스 수학 이외에 우리가 터득한
수학 지식은 모두
피보나치의 출현으로 얻은 것이다.

_ 16세기 수학자 카르다노

chapter 4
근대의 수학
천재들의 시기

네이피어
1550~1617

메르센
1588~1648

데카르트
1596~1650

페르마
1601~1665

파스칼
1623~1662

뉴턴
1642~1727

라이프니츠
1646~1716

오일러
1707~1783

가우스
1777~1855

갈루아
1811~1832

이탈리아에서 르네상스가 시작되면서 서양의 근대는 시작되었어. 상업이 발달한 이탈리아는 다른 지역에 비해 문화적으로 자유로운 분위기였고, 그래서 르네상스의 중심지가 되었지. 중세 시대 이탈리아에서 피보나치라는 수학자가 탄생한 이유도 같은 맥락으로 이해할 수 있어. 르네상스 시대 상업의 발달은 돈을 바꿔 주거나 빌려주는 금융업의 발달로 이어졌고, 자연스럽게 수학의 필요성이 커진 거야. 거기에 오랫동안 종교에 억압되었던 사람들의 탐구 정신이 되살아나면서 다시 서양에서 수학의 불씨가 타오르게 된 거지.

알프레드 화이트헤드는 이런 얘기를 했어.

"17세기는 천재들의 시대다."

해석기하학을 창시한 데카르트, 미적분을 발명한 뉴턴과 라이프니츠 등 수많은 천재 수학자가 다시 수학의 황금기를 장식한 거야. 지금부터 근대 수학자들의 흥미진진한 이야기를 만나 보자.

네이피어

1550~1617

1. 천문학자의 은인

프랑스의 수학자이자 천문학자인 라플라스는 이런 말을 했어.

로그(log)의 발명으로 몇 개월 치 노동이 단 며칠로 줄었고, 천문학자들의 수명은 두 배로 늘었다.

이 말에서 우리는 로그가 어려운 계산을 쉽게 만들어 준다는 것을 알 수 있어. 세계 계산술의 3대 발명품이라 불리는 이 위대한 로그를 발명한 네이피어는 어떤 사람일까?

2. 발명가

1550년, 네이피어는 스코틀랜드의 수도 에든버러의 머키스턴성에서 성주의
아들로 태어났어. 그래서인지 그는 지역 사람들의 말에 항상 귀를 기울였지.

농지의 수확량을
늘리고 싶은데
어떻게 하죠?

아, 그래요?
조금만
기다려 보세요.

자~ 이걸 한번 사용해 보세요.
내가 몇 개월 동안 연구해 발명한
물을 퍼 올리는 양수기예요.

헐! 이걸 언제 다
이렇게 만들었어요?

이렇게 네이피어는 어려움을 겪는 사람들을 돕는 훌륭한 발명가였어.

3. 로그의 발명

대항해 시대에 많은 선원은 별의 위치를 정확히 관측하고 이를 계산해서 자신의 위치를 알 수 있었어. 그리고 천문학자들은 하늘을 관측하고 그 결과를 계산했지. 하지만 그 계산이 만만치 않았어.

네이피어 로그표

4. 경이로운 로그

이렇게 네이피어가 발명한 로그를 활용하면 큰 수의 곱셈을 간단한 자릿수의 덧셈으로 해결할 수 있어. 여기서 log에 대해 간단히 알아보자.

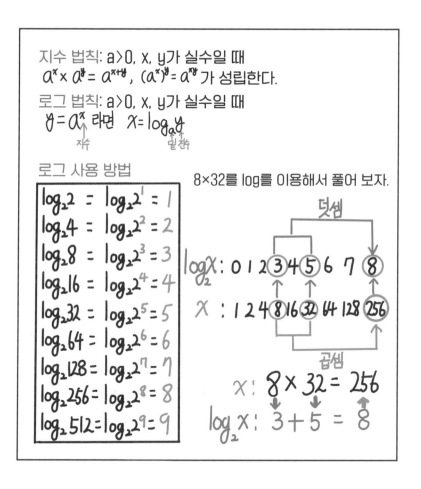

지수 법칙: a>0, x, y가 실수일 때
$a^x \times a^y = a^{x+y}$, $(a^x)^y = a^{xy}$ 가 성립한다.

로그 법칙: a>0, x, y가 실수일 때
$y = a^x$ 라면 $x = \log_a y$
진수   밑천수

로그 사용 방법

$\log_2 2 = \log_2 2^1 = 1$
$\log_2 4 = \log_2 2^2 = 2$
$\log_2 8 = \log_2 2^3 = 3$
$\log_2 16 = \log_2 2^4 = 4$
$\log_2 32 = \log_2 2^5 = 5$
$\log_2 64 = \log_2 2^6 = 6$
$\log_2 128 = \log_2 2^7 = 7$
$\log_2 256 = \log_2 2^8 = 8$
$\log_2 512 = \log_2 2^9 = 9$

8×32를 log를 이용해서 풀어 보자.

덧셈

$\log_2 x$: 0 1 2 ③ 4 ⑤ 6 7 ⑧

x : 1 2 4 ⑧ 16 ㉜ 64 128 ㉖

곱셈

x : 8 × 32 = 256
$\log_2 x$: 3 + 5 = 8

복잡한 곱하기를 log를 활용해서 계산하면 간단한 더하기가 되고, 덧셈으로 구한 값으로 로그표에서 log를 적용하기 전 값을 구하면 되는 거야.

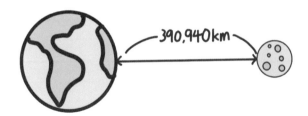

예를 들어, 지구에서 달까지 거리는 약 390,940km야.
이 당시 거리 제곱이 유행이었으니까 390,940 × 390,940을 계산
하려고 하면 짜증이 먼저 밀려올 거야. 이때 로그를 활용하면 다음과
같이 덧셈으로 계산할 수 있지.

$$390,940 \times 390,940$$

$$\log 390,940 + \log 390,940$$

$$= 5.592 + 5.592$$

$$= 11.1842$$

이제 거꾸로 로그표를 보고 로그값이 11.1842가 되는 숫자를 찾으면 돼.

$$\log [\,\_\,\_\,\_\,] = 11.1842$$

$$[\,\_\,\_\,\_\,] = 152,834,083,600$$

네이피어는 20년 동안 이 로그표를 완성해서 1614년에 『경이적인
로그 법칙의 기술』을 출판했지. 다시 말해 네이피어는 '종이 계산기'를
발명한 거야.

5. 로그의 완성

당시 옥스퍼드대학교 교수였던 헨리 브리그스는 『경이적인 로그 법칙의 기술』을 읽고 네이피어를 만나러 갔어.

선생님~ 아이디어가 정말 대단하십니다! 그런데 실용성이 좀 떨어지는 것 같아요. 저와 함께 실용적인 로그표를 만들어 보면 어떨까요?

이보게, 나 이거 20년 동안 만든 거야….

아~ 알죠…. 하지만 이 대단한 로그표를 더 많은 사람이 쓰게 하면 좋지 않을까요?

흠, 그래. 나는 늘 사람들을 돕는 일에 진심이었지….

1년이 다 되어 갈 때쯤 브리그스는 지금 우리가 사용하는 상용로그 형태의 새로운 로그표를 만들었어.

하지만 그 사이에 네이피어는 죽고 말았지.

아, 선생님!
곧 찾아뵈려고
했는데….

브리그스는 그리 오래 절망하지 않았어.

그래! 선생님이 그랬듯이 나도
사람들을 위해 이 로그표를
완성해 보자.

그렇게 브리그스는 63세가 될 때까지 네이피어처럼 끊임없이 노력해서 지금의 상용 로그표를 완성했다고 해.

6. 로그가 변화시킨 세상

케플러, 뉴턴 등 많은 천문학자와 수학자가 이 로그표를 마치 계산기처럼 활용했고, 그 덕분에 위대한 발견의 속도를 앞당길 수 있었던 거야.

음~
제가 다양한 법칙을 만들기까지
네이피어 선생님의 로그표가
큰 역할을 했어요.
선생님의 로그표로 어려운 계산을
빨리할 수 있었기 때문이지요.
선생님 덕분에 제 수명이
두 배 길어진 느낌입니다.

메르센

1588~1648

1. 수학사의 닉 퓨리

영화 <어벤져스>에서 닉 퓨리는 다양한 능력을 지닌 히어로들을 연결하고 그들의 능력을 극대화하는 역할을 하지.

수학사에도 그런 역할을 한 인물이 있는데, 성직자이자 철학자, 그리고 수학자였던 마랭 메르센이야.

2. 다재다능한 메르센

메르센은 어릴 적에 라 플레슈 기숙학교에서 교육을 받았다고 해. 데카르트가 학교 후배라서 그때부터 알고 지낸 사이였다지.

데카르트~
오늘도 잠자느라
수업에 늦었니?

아! 네~
메르센 선배.
아침에 도저히
못 일어나겠어요.

메르센은 학교를 졸업하고 사제가 되어 신학을 연구하다가 나중에는 수학, 물리학 등을 연구했어.

아! 역시~
수학이 제일
재미있어.

3. 메르센의 역할

메르센은 당대 유명했던 갈릴레이, 페르마, 데카르트, 파스칼 등 유명한 학자들과 편지를 주고받으며 교류했고, 서로를 소개하거나 만남을 주최하는 등 학자들이 서로 자극을 주고받고 협력해 능력을 극대화하도록 도왔지. 닉 퓨리처럼 말이야.

파스칼과 페르마가
친해지면 좋을 텐데···.
페르마가 자신의 정체를
밝히기 싫어하니 원~
게다가 다른 수학자들과
관계도 안 좋아···.
어려워~ 어려워~

메르센은 여기서 더 나아가 수학자들의 정기 모임을 만들었어.

수학자들 단톡방

우리 이러지 말고 서로
주기적으로 만나서 자기가
공부하는 걸 좀 나눕시다.
그래야 수학이 발전하지.

그건… 힘들지 않을까요?
사실 저는 혼자 공부하고
싶은데….

그래요. 다들 바쁘니
정기적으로 모이는 것은
무리가 있어 보여요.

계속 이렇게 편지로만
왕래하는 건 한계가 있어요.
제발 만나서 공유 좀 합시다.

수학자들은 자신의 연구를
공유하는 걸 싫어해요.
그러니 이대로 운영하지요.

….

메르센이 만든 이 모임은 나중에 '프랑스 학술원'으로 발전했어.

4. 메르센 소수

메르센의 수학적 업적 중 가장 유명한 메르센 소수는 2^n-1 형태의 수 가운데 소수인 것들을 말해. 예를 들어 2, 3, 5, 7, 13, 17… 등이 있지. 'n'이 커질수록 메르센 소수는 찾기 힘들다고 해.

$$2^n - 1$$

순	n	메르센 소수
1	2	3
2	3	7
3	5	31
4	7	127
5	13	8191
6	17	131071
7	19	524287
8	31	2147483647
9	61	2305843009213693951
10	89	618970019…449562111
11	107	162259276…010288127
12	127	170141183…884105727
13	521	68649766…115057151

13번째 메르센 소수부터는 컴퓨터를 이용해 찾는다고 해. 현재 메르센 소수는 51번째까지 발견되었지. 그 51번째 소수는 2,486만 자리의 숫자라고 해.

현재 51번째 소수까지 발견됐어.
다음 메르센 소수를 발견하면
포상금이 3,000달러야.
어때?
한번 도전해 볼 텐가?

제… 제가요?
아! 장난이 심하시네~

데카르트

1596~1650

1. 수학계의 스티브 잡스

2007년 스티브 잡스는 혁신적인 제품을 발표해. 우리 삶을 바꾸어 놓은 스마트폰의 대명사 '아이폰'이야. mp3 플레이어와 전화기 그리고 컴퓨터를 통합한 혁신적인 기계였지.

수학계는 크게 두 영역으로 나뉘는데, 도형을 다루는 기하학, 그리고 수와 계산법, 방정식 등을 다루는 대수학이야. 이 두 가지 영역을 통합한 수학자가 바로 데카르트지. 스티브 잡스가 mp3 플레이어, 전화기 그리고 컴퓨터를 하나로 통합해 아이폰을 만들었듯이 데카르트는 고대 그리스 중심으로 발전했던 기하학과 이슬람 중심으로 발전했던 대수학을 하나로 통합해 대수기하학 혹은 해석기하학이라고 불리는 새로운 수학의 길을 열었어.

2. 파리와 침대 그리고 데카르트 좌표

『그래픽 노블로 읽는 서양 철학 이야기』에도 나와 있지만, 데카르트는 평소 몸이 약하고 잠이 아주 많아서 침대에 누워 많은 상상을 했다고 해.

중학생이 되면 배우는 함수에서 등장하는, x와 y로 된 좌표를 바로
데카르트가 만든 거야.

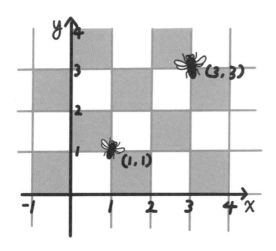

데카르트 좌표 덕분에 우리는 방정식을 그래프로 나타낼 수 있고, 거꾸로 그래프를 보고 방정식을 만들 수 있게 된 거야.

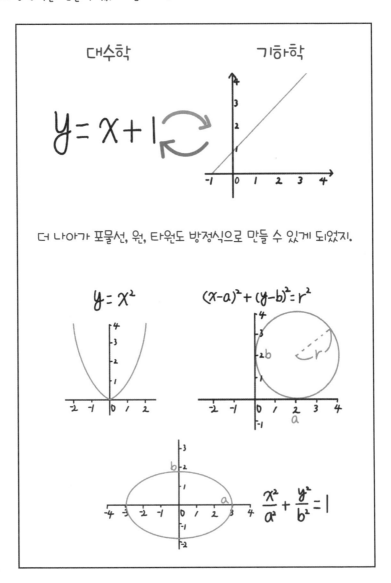

3. 데카르트 철학의 수학적 접근

데카르트 하면 생각나는 문장이 있어. 『서양 철학 이야기』에도 나왔듯이,

이 문장은 절대 의심할 수 없는
철학의 제1원리였어.

이는 유클리드 기하학에서 모두가 진리로 인정하는 공리를 바탕으로 다양한 증명을 해 나갔던 것과 유사한 방식이야.

4. 수학사에서 데카르트의 의미

앞서 이야기했듯이 데카르트는 대수학과 기하학을 통합했어. 기하학 문제를 대수학으로 바꿔서 풀 수 있게 되었고, 반대로 대수학 문제를 기하학으로 바꿔서 풀 수 있게 되었지. 그리고 중학생의 멘탈을 뒤흔드는 x, y, z, a, b, c 같은 기호들도 다 데카르트 아저씨 작품이야.

어! 그런데 미지수를 문자로 표현한 것은 디오판토스 아니었어?

오~ 많이 똑똑해졌어!

디오판토스가 썼던 문자는 지금 우리가 쓰는 미지수 문자와는 달랐어. 지금 우리가 쓰는 미지수 x, y, z를 데카르트가 만들었다는 거지.

미지수는

ς

미지수는

𝒳

페르마

1601~1665

1. 아마추어 수학의 왕자

프랑스의 부유한 집안에서 태어난 페르마는 자라서 유능한 법관이 되었어.
그의 유일한 취미는 수학이었지.

역시~ 쉴 때는 수학이지~

수학 교육을 받은 적이 없던 페르마는 유일하게 디오판토스의 『아리스메티카』를
읽으며 공부했어.

카~ 역시
나의 『아리스메티카』~
정말 잘 썼어….

저는 오로지 『아리스메티카』
위주로 수학을 공부했어요.
책을 읽으면서
내 생각을 메모하며
공부했죠~

2. 악명 높은 수학 문제의 시작

여느 때와 마찬가지로 페르마는 『아리스메티카』를 읽고 있었어. 그런데 『아리스메티카』 2권에서 피타고라스의 정리를 보고 다음과 같은 의문이 들었지.

이거 지수만 살짝 3으로 바꿔서 풀어 볼까?

$$x^2 + y^2 = z^2$$

$$x^3 + y^3 = z^3$$

어라!!! 피타고라스의 정리와 달리 답을 찾을 수 없잖아!

그러면 4는? 5는?

3. 경이로운 소문

페르마는 그 이후 이런 고민을 해.

그런데... 어떻게 이런 방정식이
존재하지 않는다고 단정할 수 있지?

페르마는 『아리스메티카』 한 귀퉁이에 이렇게 썼어.

4. 희망 고문

아마추어 수학자 페르마의 이 어려운 문제는 많은 수학자를 괴롭혔어.

수학계의 그 유명한 릭 퓨리, 메르센 신부는 페르마를 찾아가 다음과 같이 설득했지.

유명한 수학자 파스칼도 페르마에게 다음과 같이 제안했어.

하 형님~
그냥 혼자 하시는 것도
좋지만 연구 결과를
출판하면 어때요?

노, 노! 내 증명이 출판되어
사람들에게 찬사를 받는다고 해도
거기에 내 이름을 적지는 않을 거야.

그리고 나 같은 아마추어
수학자도 증명했는데
전문 수학자들은 뭐,
쉽게 증명하겠지~

하… 하….

5. 상금이 걸린 페르마의 마지막 정리

그렇게 300여 년 동안 수학자들을 괴롭혔던 페르마의 마지막 정리는 1908년 사업가이자 수학자 파울 볼프스켈이 상금을 걸면서 더 유명해지지. 볼프스켈이 상금을 걸게 된 이유가 아주 재미있어.

아니, 잠깐만. 이 문제는… 수학깨나 했던 나도
처음 보는 문제인데~
어차피 자정까지 두 시간 남았으니… 풀어 볼까?

볼프스켈은 그렇게 페르마의 마지막 정리를 풀다가 자정을 넘기게 되었지.

어라? 이거
보통 문제가 아니네.
음….

아, 맞다! 나 죽기로 했었지!
페르마의 마지막 정리 문제를 풀다 보니 시간 가는 줄 몰랐네~
이 문제 덕분에 나는 살아 있어!!!

이렇게 페르마의 마지막 정리로 실연의 아픔을 잊은 그는 생명의 은인인 이 문제에
상금 10만 마르크를 걸었어.

$$x^n + y^n = z^n$$
n이 3 이상의 정수일 때 이 방정식을
만족하는 정수해 x, y, z는
존재하지 않는다.

자, 증명해 보세요!
도전해 보세요!
제 생명의 은인!
페르마의 마지막 정리!!!
10만 마르크는
여러분 것입니다.

6. '페르마의 마지막 정리'의 마지막

이쯤 되면 무척 궁금해지지? 페르마의 마지막 정리를 해결한 사람이 나타났는지? 상금은 받아 갔는지? 정답은! 1993년 앤드루 와일즈라는 수학자가 이 문제를 해결하고 상금을 가져갔다고 해.

동네 도서관에 갔다가 『최후의 문제』라는 책을 발견했어요.

그 책에서 처음 '페르마의 마지막 정리'라는 문제를 보게 되었죠.
그리고 이런 생각이 들었어요.

이건 너무 단순하잖아.
이걸 아무도 해결하지 못했다고?
이 문제 내가 풀 수 있을 것 같은데….

앤드루 와일즈는 이렇게 운명처럼 만난
페르마의 마지막 정리를 해결하겠다는
꿈을 잊지 않았어.
그는 나중에 수학자가 되었고, 가슴속에
품어 왔던 그 꿈은 현실이 된 거야.
그 구체적인 과정이 궁금하면
『페르마의 마지막 정리』라는 책을
읽어 보도록….

파스칼

1623~1662

1. 프랑스의 천재 소년

파스칼의 아버지 에티엔 파스칼은 수학적 능력이 뛰어난 세무 공무원이었어.
그래서 파스칼은 부족함 없는 교육을 받을 수 있었지.

하고 싶은 거,
배우고 싶은 거
다 이야기하렴.

네~

파스칼은 수학을 배우기도 전인 12세 때 삼각형의 세 각의 합이 180도라는 것을 증명했어.

메르센 신부 모임의 회원이었던 에티엔 파스칼은 가끔 어린 파스칼을
그 모임에 데리고 갔지.

2. 천재 소년의 수학적 업적

파스칼의 천재적인 수학적 업적은 다음과 같아.

13세 때 파스칼

파스칼의 삼각형

$n = 0, 1, 2, \cdots$일 때, $(a+b)^n$의 이항계수를
다음과 같이 배열하면
아래와 같은 규칙성을 발견할 수 있어요~

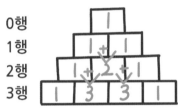

0행
1행
2행
3행

$$(a+b)^0 = 1$$
$$(a+b)^1 = 1a + 1b$$
$$(a+b)^2 = 1a^2 + 2ab + 1b^2$$
$$(a+b)^3 = 1a^3 + 3a^2b + 3ab^2 + 1b^3$$

16세 때 파스칼

파스칼의 육각형 정리

원이나 타원 같은 원뿔곡선에 내접하는
육각형 ABCDEF의 변을 연장했을 때
연장선의 교점 M, N, P는 모두
한 직선 위에 놓인다.

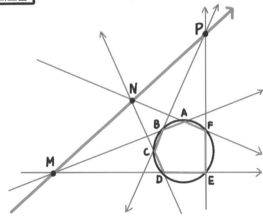

3. 계산기의 아버지

현재 우리가 사용하는 계산기의 최초 버전을 파스칼이 만들었어.

파스칼은 19세 때 기계식 계산기인 '파스칼린'을 발명했지. 하지만 가격이 너무 비싸서 상업화되지는 않았다고 해. 어때? 딱 봐도 비싸 보이지?

파스칼의 파스칼린

4. 기상 예보 덕분에 익숙한 이름

파스칼의 이름은 다른 수학자에 비해 친숙해. 왜일까? 그건 태풍 예보 때마다 그의 이름을 듣기 때문이야.

파스칼은 평지와 산꼭대기에서 수은 기둥의 높이가 달라지는 것을 확인하고 공기의 압력이 존재함을 증명했지. 그래서 압력의 기본 단위로 파스칼(Pa)을 쓰는 거고, 헥토파스칼(hPa)은 100배의 압력을 뜻하는 거야.

5. 확률의 시작은 도박

어느 날 도박을 무척 좋아했던 파스칼의 친구 앙투안 공보는 파스칼에게 이런 질문을 해.

한 경기에서 두 사람이 승리할 확률이 모두 $\frac{1}{2}$로 같을 때, 다섯 번까지 경기를 치러 세 번 먼저 이긴 사람이 판돈을 전부 가져간다.

이런 규칙에서 만일 a가 두 번, b가 한 번 이긴 다음 게임이 중단되면 금화 64개는 어떻게 나눠야 할까?

아! 내가 이런 도박 문제까지 해결해 줘야 해? 잘 들어~ 다음 게임에서 a가 이기면 3:1이고, b가 이기면 2:2겠지? 어떻게 해도 a는 최소한 금화 32개를 갖게 돼. 그리고 나머지 32개는 각자 이길 확률이 $\frac{1}{2}$이니까 a는 16개, b도 16개를 갖겠지. 결과적으로 48:16으로 나눠 가지면 공평할 거야.

그 이후 파스칼은 6개월 동안 도박판의 판돈과 관련해 페르마와 의견을 나누었고 우리가 알고 있는 수학의 확률이 시작된 거지.

형님, a가 이길 확률이 $\frac{1}{2}$이 되는 거 아닌가요?

아니야~ 아니야~
네가 잘못 계산한 거야.
정답을 다시 구해 봐!!
알지? 나는 이미
답을 알고 있어.

6. 신학의 수학적 접근

파스칼은 수학자이자 과학자, 발명가, 사업가였어. 그리고 신학도 공부했지.
그는 신을 믿어야 하는 이유를 수학적으로 접근했어.

자~ 이익이 최대가 되고
손해가 최소가 되어야 해.
그렇다면 믿는 게
확률적으로 유리한 거야!
그러니까 신을 믿어!!!

	믿으면	믿지 않으면
신은 존재	천국	지옥
신은 존재 X	상관 없음	상관 없음

뉴턴

1642~1727

1. 미적분이라는 악마

우리가 고등학교 수학에 큰 두려움을 느끼는 이유는 바로 미적분 때문이야.
이 무시무시한 미적분을 만든 수학자가 바로 뉴턴과 라이프니츠지.

2. 미적분의 정체

미분은 움직이는 대상의 순간적 변화를 분석하는 거야. 그리고 적분은 순간순간의
변화량을 합한 것이지. 그래프를 함께 볼까?
미분은 특정한 지점에서 접선의 기울기를 구하는 거야.
예를 들어 x가 2일 때 접선의 기울기는 다음과 같아.

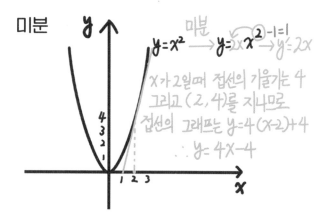

적분은 일정한 구간에서 곡선이 그리는 면적을 구하는 거야.
예를 들어 x가 1에서 3 사이인 구간에서 곡선이 그리는 면적은 다음과 같아.

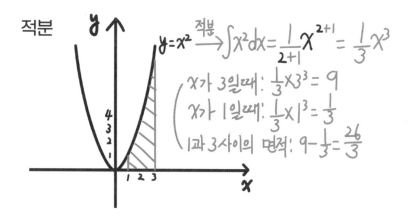

3. 미적분의 탄생

『서양 과학 이야기』에서도 나왔지만 근대 시대의 천문학자 케플러는 지구가 태양 중심을 타원 궤도로 돈다고 주장했어. 또 갈릴레이는 포탄이 날아가는 궤적을 관찰하고 분석했지.

발사된 포탄은
포물선을 그리면서
날아가.
그런데 이걸
어떻게 수학적으로
분석하지?

행성들은 타원 궤도를 돌아.
그런데 이걸 어떻게
수학적으로 분석하지?

하지만 기존 전통적인 유클리드 기하학은
주로 멈춰 있는 도형을 연구하는 방법이어서
움직이는 물체가 그리는 곡선을 연구하기에
적합하지 않았어.

나도 평생 도형만 연구해서…
움직이는 물체는 생각해 본 적이…
없는 것 같은데….

새로운 방법이 필요했던 거야. 이때 근대 수학자이자 철학자인 데카르트가
해석기하학의 문을 열어젖혔지.

4. 뉴턴이 있으라

신이 "뉴턴이 있으라." 하시니 모든 것이 밝아졌다.

미적분이라는 수학적 언어를 발견하고 우주의 작동 원리를 설명한 그의 역사적 업적을 기리는 말이지.

역사는 뉴턴과 라이프니츠가 동시에 미적분을 발견한 것으로 평가해. 하지만 미적분의 아이디어는 뉴턴이 먼저 생각해 냈다고 해.

5. 흙수저 뉴턴

피보나치, 파스칼, 페르마 등 대부분의 수학자는 '금수저'였어. 하지만 세계 3대 수학자에는 그들의 이름이 아닌 '흙수저' 뉴턴의 이름이 기록되어 있지.

뉴턴은 1642년 영국의 한 농가에서 태어났어. 아버지는 그가 태어나기 3개월 전에 죽었고, 엄마는 그가 세 살이 되던 해에 재혼했지.

남겨진 뉴턴은 외할머니댁에서 자랐지만, 정서적으로 불안하고 외로운 시절을 보냈어.

이런 환경 탓에 뉴턴은 집에서 혼자 보내는 시간이 많았고, 자연을 관찰하고 깊이 생각하는 습관을 가지게 되었어.

6. 수학의 시작

1661년 뉴턴은 우여곡절 끝에 케임브리지대학교의 트리니티 칼리지에 입학했어.
하지만 학비가 부족했던 그는 학비를 내지 않는 대신 부유층의 식사 시중을 드는 등
봉사 활동을 하며 학교에 다녀야 했지.

많이 기다렸지?
『기하학 원론』을
공부하다가
늦었네~

아니야~ 괜찮아~

대학에서 공부하며 수학에 빠진 뉴턴은 유클리드의 『기하학 원론』, 데카르트의
『방법서설』 등 다양한 수학적 지식을 탐구하기 시작했어.

그러다가 1665년 여름, 흑사병으로 휴교하면서 약 2년간 집에 머물게 되지. 코로나19를 겪은 우리 상황과 비슷했어. 학교에 갈 수는 없었지만 깊이 생각하는 뉴턴의 능력은 오히려 빛이 나게 되었지. 위기를 기회로 만든 거야.

뉴턴의 『프린키피아』

7. 미적분의 발견

뉴턴은 흑사병으로 집에 머무르는 동안 미적분과 중력의 법칙 등 세계사에 길이 남을 발견을 했어.

돌이켜보면 내 인생에서
발명의 아이디어가
샘솟는 전성기였어요.
그 어느 때보다 수학과
철학에 깊이 몰입했던 때였죠.

1671년 뉴턴은 드디어 미적분을 다 정리했어. 하지만 강직하고 예민한 성격 탓에 발표를 미루다가 1687년 미적분을 활용해 행성의 움직임을 설명한 『프린키피아』를 출판하면서 세상에 알려졌지.

뉴턴의 미적분

『서양 과학 이야기』에도 나왔지만 이렇게 발표가 늦었기 때문에 라이프니츠와 미적분 논쟁이 벌어진 거야.

라이프니츠

1646~1716

1. 라이프니츠의 미적분

앞서 말했지만, 미적분을 처음 생각해 낸 사람은 뉴턴이야.

내가 먼저
생각했다고~

쳇!

하지만 미적분을 활용하기 쉽게 확립한 사람은 라이프니츠라고 해.

	라이프니츠	뉴턴
미분	$\frac{dy}{dx}$	$\dot{y}$
적분	$\int y dx$	$\bar{y}$

그래서 라이프니츠의 미적분은 전 세계에서 쓰이게 되었고, 심지어 현재 고등학교에서도 그의 기호를 바탕으로 미적분을 배우지.

2. 독서광 라이프니츠

라이프니츠는 어려서부터 라이프치히대학교 교수였던 아버지의 서재에서 어려운 고전들을 닥치는 대로 읽었어.

그러면서 다양한 분야에서 전문적인 지식을 쌓았고, 이 과정에서 라틴어를 혼자 익혔지.

아니~다들
그렇게 공부하는 거 아니에요?
혼자 책 보고, 공부하고,
그러다 보면 알게 되는 거 아닌가?

3. 수학자로서 늦은 시작

라이프니츠는 대학에서 법을 공부했고 졸업 후 스물한 살이 되자 유명한 독일 정치인 보이네부르크 남작 밑에서 정치 외교와 관련된 일을 하게 되었어.

자네, 내 밑에서
정치 일을 좀
도와주겠나?

네~
열심히
하겠습니다.

그러던 1672년, 업무차 프랑스 파리로 파견을 가게 되었고, 그곳에서 수학자 하위헌스(영어식 이름은 우리가 잘 아는 '호이겐스')를 만나면서 수학 공부를 시작하게 된 거야.

이거~ 파스칼이 쓴 논문 아니야~
대단하지?
심지어 이 사람
계산기도
만들었대~

헐! 계산기?
뭔가 멋진데….
수학을 공부하면
이런 걸 만들 수
있는 건가?
그렇다면 수학을
시작해야겠어!

라이프니츠는 이때부터 데카르트, 파스칼, 페르마의 책들을 닥치는 대로 읽고 혼자서 수학을 익혔어.

그렇게 4년 뒤에 그는 미적분을 발명했지.

4. 미적분 논쟁의 끝

『서양 과학 이야기』에도 나왔지만, 뉴턴과의 미적분 원조 논쟁은 수학자들의
자존심 싸움으로 번졌어.

아이작 뉴턴 VS 라이프니츠

이봐, 라이프니츠〜
미적분, 그거 내가 알려 주었잖소!

왜 당신이 먼저 발견한 것처럼
이야기하고 다니는 건가?

이거 제가 수학적으로 생각해 낸 거예요〜
그리고 제 미적분 논문은
1684년에 출간되었고,
미적분 내용이 담긴 선생님의
『프린키피아』는 1687년에 출간되었잖아요.

아! 내가 『프린키피아』 내용을
1666년에 이미 다 생각해 놨었거든요〜
그리고 1676년에 당신이
미적분에 대해 물어봐서
편지로 대략 알려 주었잖소!!!

．．．

답답했던 라이프니츠는 영국 왕립학회에 진상을 규명해 달라고 했지만, 팔은 안으로 굽는다고 당시 학회 회장이 뉴턴이었기 때문에 학회는 뉴턴의 손을 들어주었어.

그러고 나서 4년 뒤 라이프니츠는 세상을 떠났지.

5. 토끼와 거북이

자존심 강한 영국은 라이프니츠의 미적분을 끝까지 인정하지 않았어.

이봐, 독일 수학~ 시작은 우리가 먼저라고~
나머지 유럽은 우리 상대가 안 된다고!
그리고 그 옷은 또 뭐야?
속옷만 입고 달릴 셈이야? ㅉㅉㅉ~

하지만 앞에서도 말했듯이 라이프니츠의 미적분이 훨씬 편리하고 쉬웠기 때문에
유럽 대륙의 수학자들은 이를 적극 활용했어. 결과적으로 유럽 대륙의 수학이 영국의
수학을 앞서게 되었지.

그렇게 불편한 옷을 입고 뛰면
아무리 먼저 출발했어도
따라잡힐 수밖에 없지.
뭐든 실용적인 게 제일이야!

6. 컴퓨터의 아버지

1673년 어느 날….

파스칼의 계산기는 덧셈, 뺄셈밖에 못 했죠?
하지만 제가 만든 계산기는 그보다 특별한 것이
더 있습니다.

One more thing···

소개합니다.
저의 차세대 계산기!
바로～이것입니다.

파스칼의 계산기
덧셈, 뺄셈 계산기

라이프니츠의 계산기
덧셈, 뺄셈, 곱셈, 나눗셈 계산기

라이프니츠는 이 계산기를 발명하면서 0과 1을 사용하는 2진법 체계를 떠올렸고, 1679년 2진법 사용법을 완성했어. 그의 2진법은 지금 디지털 세계의 언어가 되었지. 라이프니츠는 여러모로 컴퓨터의 아버지였던 거야.

오일러

1707~1783

1. 세상에서 가장 아름다운 공식

1988년, 『수학 학술지(Mathematical Intelligencer)』는 전 세계 수학자들을 대상으로 '수학사에서 가장 아름다운 공식'을 고르라는 인기투표를 했어. 그때 가장 많은 표를 받은 것이 바로 '오일러의 공식'이었지.

$$e^{\pi i} + 1 = 0$$

e 는 자연 상수로 나중에 미적분을 배우면 알게 될 거야.
그 값은 2.7182818284…

π 는 원주율 3.14…

2. 수학계의 명문가

스위스의 베르누이 가문은 100년, 3대에 걸쳐 역사상 유명한 수학자를 8명이나 배출한 수학계의 명문가였어. 앞으로 수학, 과학을 공부하다 보면 베르누이라는 이름을 자주 듣게 될 텐데, 이게 한 사람이 아니라는 거야. 우리가 꼭 알아야 할 베르누이 먼저 만나 볼까?

야코프 베르누이: 혼자서 수학을 공부하던 중 라이프니츠의 미적분에 빠져 라이프니츠와 편지를 주고받으며 미적분의 기초를 다짐. 그리고 이를 동생 요한 베르누이에게 가르침. 수학적 성과를 인정받아 스위스 바젤대학교의 수학 교수가 됨.

요한 베르누이: 형의 가르침으로 훌륭한 학자가 됨. 오일러 공식의 자연로그 e를 맨 처음 사용했고, 미적분을 더 체계화함.

다니엘 베르누이: 요한 베르누이의 아들로 유체 역학에서 아주 중요한 베르누이 원리를 발견함.

3. 떡잎을 알아본 베르누이

수학계 명문가의 베르누이들 덕분에 지금의 대수학자 오일러가 존재할 수 있었어.
오일러는 1707년 바젤시의 캘빈교 목사였던 파울 오일러의 아들로 태어났지.

바젤대학교 교수였던 요한 베르누이는 수학에 대해 질문하는 꼬마 오일러를
눈여겨보았다고 해.

요한 베르누이는 이렇게 오일러의 천재성을 미리 알아보고 그의 아버지를 설득하기 시작했어.

이보게, 파울 오일러.
자네 아들 말일세.
지금 신학을 공부할 때가 아니야!

그게 무슨
말씀이신가요?

자네 아들은 수학을 위해 태어났어.
자네도 우리 형님 야코프 베르누이에게
배워서 알겠지만 우리 가족은 정확하지.
내 말을 전적으로 믿어야 해!!

아, 네….
수학계의 거장이신 분이
그렇게 말씀하시니…
수학을 시키지요.
수학….

4. 수학 천재 오일러

요한 베르누이의 안목은 정확했어. 오일러는 수학 공부를 시작하면서 엄청난 발견을 해냈고, 이런 천재성 덕분에 스물여섯 살에 러시아 상트페테르부르크 대학교 수학 과장이 되었지.

요한 베르누이의
아들인 나,
다니엘 베르누이의
강력 추천 덕분이야.

이때부터 그는 수학뿐만 아니라 물리학, 의학, 화학 등 다양한 학문에 몰입했어.

하지만 학문에 대한 열정이 지나쳐 스물여덟 살에 오른쪽 눈 시력을 잃었지.

오일러는 이렇게 어려운 상황에서도 비관하지 않고 긍정적인 자세로 연구를 이어 나갔어.

한 눈으로 보니
오히려 덜 혼란스럽고
또렷하게 보이네!

5. 잘못된 만남

14년 동안 러시아에서 근무하던 오일러는 베를린으로 직장을 옮겨 프리드리히 2세 밑에서 일하게 되었어. 하지만 그곳에서 예상과 달리 온갖 잡무에 시달렸지.

각종 행정에…

세무까지…

조경도 내가 해야 하는 건가?

오일러는 이렇게 열악한 근무 여건에서도 수학을 놓지 않고, 하루에도 논문 여러 편을 쉬지 않고 써내려 갔어.

아무리 바빠도 수학 공부는 꾸준히 해야지!

이렇게 성실히 노력했지만, 지금으로 치면 직장 상사였던 프리드리히 2세는
떠날 때까지 그를 무시했지.

6. 줌.꺾.마

오일러는 다시 러시아로 돌아가 여생을 보냈어.

러시아에서 오로지 수학에 매달린 그는 64세 때 남은 한쪽 눈의 시력도 잃고 말았지.

그 뒤부터는 아들 알베르트가 아버지의 말을 받아 적으면서 연구를 이어 갔어.

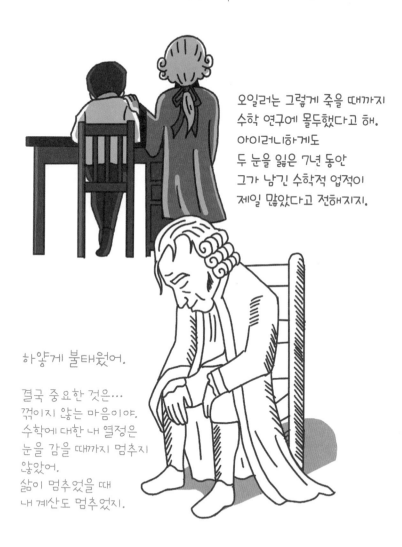

오일러는 그렇게 죽을 때까지
수학 연구에 몰두했다고 해.
아이러니하게도
두 눈을 잃은 7년 동안
그가 남긴 수학적 업적이
제일 많았다고 전해지지.

하얗게 불태웠어.

결국 중요한 것은…
꺾이지 않는 마음이야.
수학에 대한 내 열정은
눈을 감을 때까지 멈추지
않았어.
삶이 멈추었을 때
내 계산도 멈추었지.

7. 쾨니히스베르크 다리 문제

그 당시 쾨니히스베르크 사람들은 강 중심에 섬과 연결된 일곱 개 다리를 오가며 산책을 많이 했어.

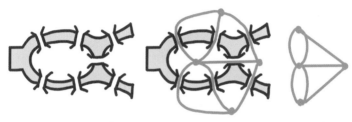

보세요. 다리 위 통행 방법을 다음과 같이 점과 선으로 간단히 표현할 수 있죠.
점에 연결된 선이 짝수여야만 같은 선을 지나지 않고 다른 점으로 갈 수 있어요.
그런데 지금 쾨니히스베르크 다리는 모든 점에서 연결된 선들이 홀수예요.

그런데 이렇게 다리 두 개를 더 놓으면,
모든 점에서 선이 짝수로 연결되지요.
이렇게 되면 어느 점에서 산책을
시작하더라도 모든 다리를 다
건너고 돌아올 수 있어요.

산설

가우스

1777~1855

1. 의심의 시작

과학계에서 2,000년간의 진리가 아리스토텔레스의 이론이었다면, 수학계에서 2,000년간의 진리는 유클리드의 기하학이야.

과학계에 아리스토텔레스가 있다면 수학계에는 나! 유클리드가 있지.

진리라고 생각된 유클리드 기하학에 의문을 품은 사람들이 나타나기 시작하면서 수학은 더 넓은 세계로 문을 열게 되었지. 그 시작은 가우스였어.

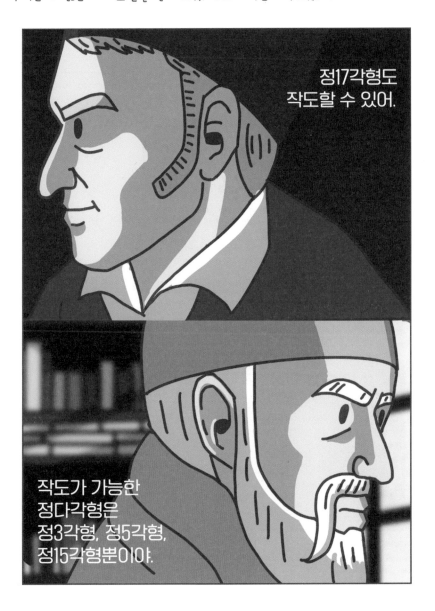

정17각형도 작도할 수 있어.

작도가 가능한 정다각형은 정3각형, 정5각형, 정15각형뿐이야.

2. 수학의 왕자

세계 3대 수학자 중 한 명으로 꼽히는 가우스는 1777년 독일 브라운슈바이크에서 태어났어. 그는 스스로 글자와 숫자를 익혔지.

학교에 다니던 가우스의 일화는 아주 유명해.

가우스의 천재성을 발견한 뷔트너 선생님은 그를 전폭적으로 지원했어.

그 뒤에도 가우스는 뛰어난 수학 실력 덕분에 페르디난트 공작의 후원을 받아 공부를 이어 갈 수 있었지.

3. 반격의 서막

유클리드의『기하학 원론』에서는 작도가 가능한 정다각형은 정3각형, 정5각형, 정15각형뿐이라고 했어.

19세의 가우스

아니야~ 아니야~
정17각형도 작도할 수 있어!
그리고 이 증명 방법으로
정257각형, 정65537각형도
작도할 수 있겠는데~

그 당시 유클리드 기하학은 종교와 같아서 그 누구도 지적하고 부정할 수 없는 거대한 성과 같았지.

유클리드라는 성을 내가 무너뜨릴 수도 있잖아!

가우스의 이런 자신감이 2,000년 동안 견고하게 서 있던 유클리드라는 수학의 성에 금을 낸 거야.

4. 멀티 플레이어

소행성 세레스를 발견했는데
금세 사라졌어….

주세프 피아치 수도사님,
실망하지 마세요~
1년 뒤에 어디서
볼 수 있는지
제가 계산해 볼게요.
이리로다가!

1년 뒤….

아! 진짜 있다!!!
가우스가 계산으로 알아본 위치에
정말 세레스 행성이 정확히 있어!!!
가우스는 역시 수학 천재야!

이 일 이후 가우스는 괴팅겐대학교에서 48년 동안 천문학 교수로 일했고,
1831년에는 물리학과 교수가 되어 많은 성과를 거두었지.

나는 여러 분야에서 많은 발견을 했어.
다 내 노트에 기록해 놓았지.
그 유명한 가우스 기호도 내 이름을 딴 거야.
그런데 내 성격이 워낙 완벽주의라서
누구한테 지적받는 것도 싫고
논쟁하는 것도 귀찮아서
공식적으로 발표는 안 했어.

이런 성격 때문에
그가 죽고 34년이 지나서야
유족들이 가우스의 노트를 발표했어.
이 노트로 많은 수학자가 발견한 정리들이
가우스가 이미 발견한 사실들이라는 것을
알게 되었지.

5. 수학계의 지존

그 당시 가우스는 수학계의 지존 자리에 있었어. 그래서 많은 수학자가 자신의
발견이 맞는지 검토해 달라고 부탁했지.

6. 비유클리드 기하학의 탄생

러시아의 수학자 로바첵스키는 자신의 책 『평행선 이론에 관한 기하학적 연구』에서 새로운 기하학을 제시했어. 가우스도 이를 인정했지.

이건 또 뭐야? 로바첵스키의
『평행선 이론에 관한 기하학적 연구』?
음~ 대단한 발견이기는 하지만
나도 이미 생각했던 이론이야.
유클리드 기하학과는 다른
새로운 기하학 이론이지.
유클리드 기하학을 믿는
많은 사람한테 공격당할 수 있는
아주 위험한 이론이기도 하고.
그래서 나는 발표를 하지 않았어….
하지만 인정하는 정도는 뭐 괜찮겠지….

여러분~
이 사람의 새로운
기하학적 아이디어는
입증되었습니다.
이로써 새로운 기하학,
즉 비유클리드
기하학의 시대가
시작되었습니다!!

7. 비유클리드 기하학

여기서 비유클리드 기하학이 뭔지 간단히 알아보자. 유클리드 기하학의 맨 마지막 공리는 평행선의 공리였어.

> 선 밖의 한 점을 지나 그 직선에
> 평행한 직선은 단 하나만 존재한다.
>
> — — — — — ·P — — — — —
>
> _____
>
> 평행: 두 개의 직선 또는 평면이 서로
> 나란히 존재해 아무리 연장해도 서로
> 만나지 않는 것을 의미한다.

이 평행선의 공리가 공간의 특징에 따라 틀릴 수도 있다는 전제로 시작한 이론이 바로 새로운 기하학, 비유클리드 기하학이야.

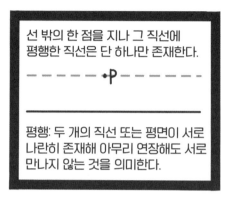

이렇게 볼록한 공간에서는 평행선이 존재할 수 없어. 왜냐하면 두 직선이 결국에는 위 그림처럼 다 만나기 때문이야.

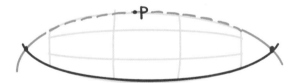

그리고 오목하게 들어간 공간에서는 평행선이 한 쌍이 아니라 무수히 많아. 왜냐하면 휜 공간에 따라 서로 만나지 않는 직선이 무수히 많아지거든. 이렇게 새로운 발상 에서 새로운 기하학 이론을 만들어 가는 것이 비유클리드 기하학이야.

8. 삼각형의 세 각의 합은 180도?

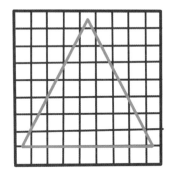

유클리드 기하학에 따르면
세 각의 합은 180도가 맞아.

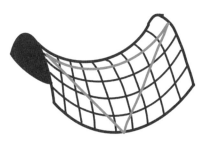

하지만 비유클리드 기하학에 따르면
전혀 새로운 결과가 나오게 되지.
안쪽으로 구부러진 공간에서는
삼각형의 내각의 합이 180도보다 작고,

지구처럼 구면에서는 삼각형의
내각의 합이 180도가 넘는 거야.

다시 말해, 비유클리드 기하학에서는 기존의 유클리드 기하학이 진리가 아닌 것이
되지.

이런 비유클리드 기하학은 나중에 아인슈타인이 중력을 공간-시간의 곡률로 해석하는 데 영향을 미쳤다고 해.

비유클리드 기하학은
'중력은 시간과 공간의
휨으로 발생한다'는 제 발견에
영향을 주었지요.

9. 묘비에 새겨진 정17각형

가우스는 어느 날 이런 이야기를 해.

내가 죽으면 내 묘비에
정17각형을 꼭 새겨 주게나.

아니~ 선생님.
그게 무슨
말씀이세요?

앞서 이야기했지만, 2,000년의 진리 앞에서 주눅 들지 않고 당당했던 수학자
로서 자신의 모습과 업적이 너무 자랑스러웠을 거야.

아~ 나 그때···
정말 멋있었어!!!

하지만 정17각형은 새겨지지 못했지. 그 이유는 정17각형을 새기다 보니 원과
비슷해졌기 때문이야. 그래서 결국 점 17개로 이루어진 별 모양을 대신 새기게
되었다고 해.

가우스의 묘비

갈루아
1811~1832

1. 결투로 삶을 마감한 수학자

1832년 3월 30일 아침, 수학자 갈루아는 어느 낯선 청년과 서로 총을 겨누고 있었어.

낯선 청년의 총은 더 빠르게 발사되었고, 총알은 갈루아의 배를 관통했지.

파란만장한 삶을 살았던 수학자 갈루아는 이렇게 생을 마감했어.

2. 한 우물만 파는 아이

갈루아는 열여섯 살이 되면서 처음으로 수학을 접했어. 수학의 매력을 블랙홀처럼 빨아들인 갈루아는 오로지 수학에만 몰입했지.

수학이 이렇게 즐거운 학문이었어?
하루 종일 수학만 공부하면
정말 행복할 것 같아~

그래서 갈루아는 수학 말고 다른 과목에는 관심이 없었어. 당시 학교 생활 기록부를 보면 갈루아의 수학에 대한 열정을 확인할 수 있지.

행동 특성 및 종합 의견

갈루아의 관심사는 오로지 최첨단의 수학뿐입니다.
수학에 완전히 미쳐 있습니다. 그러니 부모님께서는 학생이 앞으로
수학에 전념할 수 있도록 도와주시는 것이 좋을 듯합니다.
갈루아에게 다른 과목도 골고루 충실할 것을 강요하면
그는 자괴감에 휩싸여 불행해질 것입니다.
갈루아의 열정 때문에 선생님들도 고통받고 있습니다.

---

3. 천재적인 수학 실력

열여섯 살 이후 그의 수학 실력은 날이 갈수록 발전했어.

시험을 볼 때도 암산으로 모든 문제를 풀거나 전혀 다른 방식으로 문제를 풀어서 교사들을 힘들게 했어.

4. 천재의 대단한 성격

갈루아는 당시 최고 명문인 에콜 폴리테크니크에 응시했어. 하지만 퉁명스럽고 거만한 말투 때문에 면접에서 떨어졌지.

아까 설명했던 부분 다시 설명해 줄 수 있겠나?

아니~ 교수님. 어려운 이야기도 아닌데… 이해를 못 하셨나요?

그는 재수를 했고, 1년 뒤 다시 같은 면접장에서 면접을 보게 돼.

아까 그 부분 좀 다시 설명….

으악!!!

아니! 작년에도 그러더니… 올해 또 그러시네~ 됐어요!!! 이 학교 안 다니고 말지!

어때? 보통 성격은 아니었던 것 같지? 이때부터 수학자로서 그의 좌절이 시작되었어.

5. 5차 방정식의 해

당시 사람들은 4차 방정식까지 해를 구하는 방법을 알고 있었어.
예를 들어 2차 방정식의 해를 구하려면

$$ax^2 + bx + c = 0$$

다음과 같은 근의 공식을 이용하면 되었어.

$$x = \frac{-b \pm \sqrt{b^2 - 4ac}}{2a}$$

3차, 4차 방정식도 이러한 근의 공식에 따라 해를 구할 수 있었지. 하지만 5차
방정식의 해를 구하는 방법은 아무도 몰랐어. 갈루아는 이 5차 방정식의 해를
구하다가 결국 5차 방정식의 해는 구할 수 없다는 것을 증명해 냈어.

군(groupe)의 개념을 이용했더니
5차 방정식의 해가 없다는 것이
증명되었어!!!
이 증명을 논문으로 써서
과학학술원에 제출해 보자.
수학에 대한 내 명예를
다시 찾을 수 있을 거야!

갈루아의 논문은 접수는 되었지만 심사에서 누락되었고 수학자로서 그의 좌절은 다시 시작되었지.

올해도 논문이 많이 들어왔네∼
이제 심사를 좀 해 볼까?

그 당시 상황을 어느 프랑스 기자는 다음과 같이 이야기했어.

갈루아의 논문은 누가 봐도 훌륭했고
대상을 받을 만했죠.
하지만 그의 논문이 누락되는 바람에
엉뚱한 사람에게 대상이
돌아간 거예요!!

6. 더 심해진 방황

당시 시장이었던 갈루아의 아버지가 정치적 모함으로 자살하는 일이 생겼고, 수학자로서 계속되는 좌절과 아버지의 죽음은 그를 더욱 힘들게 했지.

내 든든한 후원자이신
아버지도 돌아가시고…
하는 일마다
전부 실패하니
정말 괴롭다….

아버지가 죽은 뒤 그는 정치에 적극적으로 참여하게 되었고 감옥에 갇히기도 했어.

제가 마음속 깊이
사랑한 사람은
아버지뿐이었어요.
아버지가 돌아가신
뒤로는 그 누구도
제 마음속 빈자리를
채워 주지 못했어요.

7. 운명의 그날

갈루아는 감옥에서 나온 뒤 스테파니라는 여성과 사랑에 빠졌어. 하지만 그녀는 약혼자가 있었지.

결투가 벌어지기 전에 갈루아는 과학학술원에서 누락되었던 논문을 급하게 다시 적어 내려갔어.

휘갈겨 쓴 그의 글씨에서 다급함과 복잡한 마음이 느껴지는 것 같지?

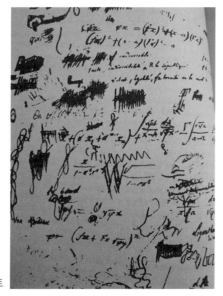

갈루아의 노트

이윽고 다음 날 아침이 되었고 죽음의 결투가 시작되었지.

8. 뒤늦게 알려진 천재성

죽기 직전 갈루아가 다시 쓴 논문은, 그의 부탁으로 당대 유명한 수학자 가우스를
비롯해 많은 사람에게 보내졌지만 인정받지 못했어.

이건 또 뭐야?
갈루아가 누구야?

"5차 방정식에 답이 없다는 것을
증명했어요. 한번 검토해 주세요."

아니, 저번에 아벨이라는 사람도
이 주제로 논문을 보냈던데…
5차 방정식 챌린지야, 뭐야?
쳇!

어이가 없네~

그가 죽은 뒤 10년이 지나서야 수학자 조제프 리우빌이 그의 논문을 인정해 주었지.

나는 갈루아의 논리를 보강하면서
말로 표현할 수 없는 기쁨을 맛보았다.
갈루아의 아름다운 수학 정리와
증명 과정은 이제 완벽하게 되었다.

_ 조제프 리우빌

1. 사이먼 싱, 『페르마의 마지막 정리』, 영림카디널, 2022.

2. 후지와라 마사히코, 『천재 수학자들의 영광과 좌절』, 사람과책, 2003.

3. 김수경, 『세상 모든 수학자의 수학 이야기』, 꿈소담이, 2007.

4. 김승태, 『뉴턴이 들려주는 미분 1 이야기』, 자음과모음, 2009.

5. 에른스트 H. 곰브리치, 『곰브리치 세계사』, 비룡소, 2010.

6. 지즈강, 『수학의 역사』, 더숲, 2011.

7. 데이비드 벌린스키, 『수학의 역사』, 을유문화사, 2014.

8. 레이먼드 플러드, 로빈 윌슨, 『위대한 수학자의 수학의 즐거움』, 베이직북스, 2015.

9. 사쿠라이 스스무, 『재밌어서 밤새 읽는 수학자들 이야기』, 더숲, 2015.

10. 클리퍼드 픽오버, 『수학의 파노라마』, 사이언스북스, 2015.

11. 모리 쓰요시, 『청소년을 위한 수학자 이야기』, 살림Friends, 2015.

12. 알렉스 벨로스, 『수학이 좋아지는 수학』, 해나무, 2023.

13. 조지프 마주르, 『수학기호의 역사』, 반니, 2017.

14. 이광연, 『미술관에 간 수학자』, 어바웃어북, 2018.

15. 차이텐신, 『수학과 문화 그리고 예술』, 오아시스, 2019.

16. 로버트 스네덴, 『수학의 역사를 만든 놀라운 발견들』, 북스힐, 2020.

17. 김주은, 『알수록 재미있는 수학자들』, 지브레인, 2020.

18. 안소정, 『누구나 읽는 수학의 역사』, 창비, 2020.

19. 닉 폴슨, 제임스 스콧, 『수학의 쓸모』, 더퀘스트, 2020.

20. 야노 겐타로, 『청소년을 위한 위대한 수학자들 이야기』, 전파과학사, 2021.

21. 김민형, 『역사를 품은 수학, 수학을 품은 역사』, 21세기북스, 2021.

22. 스티븐 스트로가츠,『미적분의 힘』, 해나무, 2021.

23. 김미연,『엄마의 수학책』, 부키, 2022.

24. 마이클 브룩스,『수학은 어떻게 문명을 만들었는가』, 브론스테인, 2022.

25. 송명진,『미치도록 기발한 수학 천재들』, 블랙피쉬, 2022.

26. 클라이브 기퍼드,『빠르게 보는 수학의 역사』, 한솔수북, 2022.

27. 우에가키 와타루,『처음 읽는 수학의 세계사』, 탐나는책, 2023.

28. 혼마루 료,『수학자 도감』, 뜨인돌, 2023.

29. 인동교,『그래픽 노블로 읽는 서양 철학 이야기』, 시간과공간사, 2023.

30. 인동교,『그래픽 노블로 읽는 서양 과학 이야기』, 시간과공간사, 2023.

참고 자료(사진) 목록

33쪽 - 플림톤 322호
https://suhak.tistory.com/226

48쪽 - 『기하학 원론』
https://ko.wikipedia.org/wiki/에우클레이데스의_원론

58쪽 - 유클리드 기하학에서 피타고라스의 정리
https://maa.org/book/export/html/841820

62쪽 - 아르키메데스 필즈상
https://ko.wikipedia.org/wiki/%ED%95%84%EC%A6%88%EC%83%81

81쪽 - 1621년에 출간된 디오판토스의 『아리스메티카』 라틴어 번역본
https://ko.wikipedia.org/wiki/%EB%94%94%EC%98%A4%ED%8C%90%ED%86%A0%EC%8A%A4

96쪽 - 콰리즈미의 대수학
https://en.wikipedia.org/wiki/The_Compendious_Book_on_Calculation_by_Completion_and_Balancing#/media/File:Bodleian_MS._Huntington_214_roll332_frame36.jpg

114쪽 - 네이피어 로그표
https://www.joongang.co.kr/article/22375417#home

159쪽 - 파스칼의 파스칼린
https://ko.wikipedia.org/wiki/파스칼_계산기#/media/파일:Arts_et_Metiers_Pascaline_dsc03869.jpg

172쪽 - 뉴턴의 『프린키피아』
https://commons.wikimedia.org/wiki/File:NewtonsPrincipia.jpg

173쪽 - 뉴턴의 미적분
https://greenacademy.re.kr/자연철학-세미나?mod=document&uid=123

185쪽 - 라이프니츠의 계산기
https://commons.wikimedia.org/wiki/File:Leibnitzrechenmaschine.jpg

215쪽 - 가우스의 묘비
https://blog.naver.com/PostView.nhn?blogId=yhsmathlab&logNo=222021561899

219쪽 - 대학수학능력시험 수학 영역 출제 문제
https://www.suneung.re.kr/boardCnts/list.do?boardID=1500234&m=0403&s=suneung

225쪽 - 갈루아의 노트
https://es.quora.com/Si-Evariste-Galois-comprend%C3%ADa-que-sus-posibilidades-en-el-duelo-no-eran-altas-por-qu%C3%A9-no-pod%C3%ADa-simplemente-no-presentarse

초판 1쇄 인쇄 2024년 5월 20일
초판 1쇄 발행 2024년 5월 27일

지은이 인동교
펴낸이 최훈일
책임편집 함소연
디자인 이명애

펴낸곳 시간과공간사
출판등록 제2015-000085호.(2009년 11월 27일)
주소 (10594) 경기도 고양시 덕양구 통일로 140(동산동 376) 삼송테크노밸리 A동 351호
전화 (02) 325-8144(代)
팩스 (02) 325-8143
이메일 pyongdan@daum.net

ISBN 979-11-90818-26-1 44080
     979-11-90818-18-6(세트)